INHALT

RESTEVERWERTUNG

VORWORT

Wer kennt das nicht? Im Kühlschrank sind Reste von Quark oder Schmand übrig, die wegmüssen. Vom Vortag stehen noch Kartoffel- oder Nudelreste oder etwas Gemüseeintopf im Kühlschrank, die als Mahlzeit nicht mehr ausreichen. Oder Sie haben in der Vorwoche zu viel Gemüse oder Obst gekauft, das langsam unansehnlich wird. Wäre es nicht toll, für all das eine richtig gute Verwertungsmöglichkeit zu haben? Ich persönlich tue mich sehr schwer damit, Lebensmittel wegzuwerfen – selbst wenn es sehr kleine Mengen sind. Deshalb experimentiere ich schon länger mit Resten aus dem Kühlschrank und der Küche und versuche, sie in Brotteigen unterzubringen, statt sie wegzuwerfen.

In diesem Buch finden Sie 60 neu entwickelte Rezepte, um Ihre Reste aus der Küche und dem Kühlschrank aufzubrauchen. Brotteige sind dazu eine tolle Möglichkeit, weil fast alle Zutaten in Brotteige passen und die Brote oft sogar noch aromatischer machen oder ihre Krume verbessern.

Wenn Sie noch nicht viel Erfahrung im Brotbacken haben, lesen Sie sich bitte unbedingt die Kapitel „Zero-Waste-Rezepte: einfach genial“ und „Basiswissen fürs Brotbacken“ durch. Vieles hört sich erst mal kompliziert an, ist aber gar nicht so schwer, wenn Sie erst mal angefangen haben. Um wirklich gutes Brot zu backen, braucht es nun mal ein wenig Basiswissen.

Natürlich kann ich nicht für alles, was Sie persönlich an Resten in der Küche haben, ein Rezept anbieten. Wenn Sie aber erst mal einige Rezepte ausprobiert haben, werden Sie sicher selbst genügend Ideen bekommen, wie Sie all Ihre Reste in Brot- oder Brötchenteigen verwerten können. Auf Seite 8-9 finden Sie eine Übersicht, welche Zutaten Sie verwenden können. Seien Sie mutig und kreativ und freuen Sie sich über viele gelungene Brote und Brötchen – ganz im Sinne von ZERO WASTE.

Herzlichst
Ihre

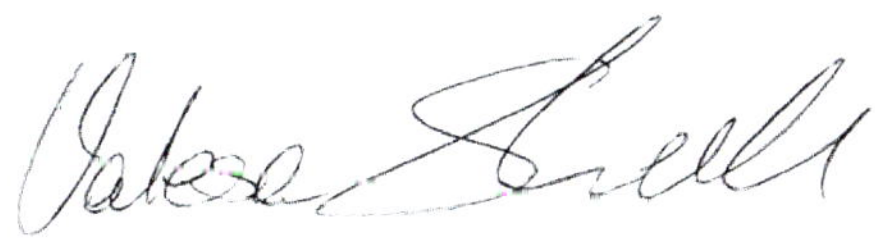

ZERO-WASTE-REZEPTE:

EINFACH GENIAL

EIN GUTES TEAM: BROTTEIG UND RESTE AUS DER KÜCHE

WARUM SICH BROTTEIGE GUT ZUR RESTEVERWERTUNG EIGNEN

Brot- und Brötchenteige sind tatsächlich dankbare Resteverwerter – das fertige Produkt wird oft sogar besser dadurch. Kartoffelprodukte verbessern z. B. die Krume, machen sie lockerer und die Brote halten länger frisch. Milchprodukte bewirken eine wattige Krume und bringen oft mehr Feuchtigkeit ins Brot, wodurch dieses länger frischhält. Auch durch Obst und Gemüse werden die Frischhaltung und das Aroma verbessert. Altbrot lässt sich super verwerten und verbessert ebenfalls den Geschmack und die Frischhaltung. Und alle Reste, die Sie verwerten können, machen das Brot einfach aromatischer und bringen oft einen besonderen Geschmack mit ein. Dadurch ergibt sich eine ganz neue Vielfalt an Broten, die Sie bei keinem Bäcker bekommen.

RESTE, DIE SICH VERWERTEN LASSEN

MILCHPRODUKTE Durch Milchprodukte wird die Krume wattiger. Dinkelbrote, die dazu neigen, schnell trocken zu werden, bekommen durch Milchprodukte mehr Feuchtigkeit und bleiben länger frisch. Alle Milchprodukte bringen außerdem mehr Aroma in den Teig.

Sie können alle Milchprodukte verwenden: Schmand, Quark, Sahne, saure Sahne, Kefir, Milch, Buttermilch, Butter, Butterschmalz, Crème fraîche, Ayran, Frischkäse, Molke, Dickmilch, Joghurt, Sauermilch, Hüttenkäse, Käse, Kondensmilch, Fruchtbuttermilch und Kaffeesahne. Natürlich können Sie auch Produkte aus Schafs- oder Ziegenmilch verwenden und alle Milchprodukte können durch vegane Alternativen ersetzt werden.

SAFT, KAFFEE, TEE, BIER, WEIN Durch verschiedene Gemüse- und Obstsäfte, Kaffee, verschiedene Teesorten, Bier und Wein können Sie Brote besonders aromatisch machen.

Sie können so gut wie alle Obst- und Gemüsesäfte verwenden, Kaffee und alle Teesorten. Lediglich mit Sauerkrautsaft wäre ich etwas vorsichtig. Besonders lecker wird Brot mit Kaffee und Milch. Bier und Biermischgetränke eignen sich sehr gut und lockern zusätzlich durch die enthaltene Kohlensäure die Krume. Auch Weinreste lassen sich in kleinen Mengen sehr gut verarbeiten. Versuchen Sie unbedingt im Herbst mal ein Brot mit neuem Wein.

VERSCHIEDENE RESTE für Brotteige

KARTOFFELN UND REIS Kartoffeln bringen viel Aroma und Feuchtigkeit und damit eine bessere Frischhaltung ins Brot. Sie können Reste von Salzkartoffeln, Pellkartoffeln, Kartoffelpüree, Kroketten, Rösti, Bratkartoffeln, Pommes, Kartoffelsalat, Kartoffelgratin, Kartoffelsuppe oder Kartoffelflocken (von Püree) verwenden. Nicht verwertet werden können Kartoffelklöße und Gnocchi, da sie zu viel Kartoffelstärke enthalten. Kartoffelreste werden, mit Ausnahme von Kartoffelpüree, fein püriert. Gekochter Reis, Milchreis und Risotto eignen sich ebenfalls sehr gut zur Resteverwertung. Sie können püriert oder unpüriert zum Brotteig gegeben werden.

GETREIDEPRODUKTE Grießbrei, gekochter Bulgur, Polenta, Couscous, gekochte Nudeln und Spätzle, Haferflocken und andere Getreideflocken sind tolle Zutaten für Brotteige. Die Krume wird besonders locker und aromatisch und die Frischhaltung verbessert sich. Vor allem Brote mit Nudelresten werden super lecker. Auch die sogenannten Pseudogetreidesorten, wie z. B. Amaranth, Hirse, Quinoa oder Buchweizen, eignen sich sowohl als Mehl, wie auch gekocht oder als Pops.

GEMÜSE UND OBST Gemüse und Obst kann roh und fein geraffelt oder gekocht in Brotteigen verwertet werden. Alle Gemüse- und Obstsorten bringen mehr Geschmack und Feuchtigkeit ins Brot und verbessern so die Frischhaltung. Was Sie nicht verwenden sollten, sind alle Kohlsorten, da der Eigengeschmack zu sehr im fertigen Brot zu schmecken ist. Die einzige Ausnahme ist hier gekochter Rotkohl, der sehr mild ist.

Roh und geraffelt können Sie Karotten, Zucchini, Pastinaken, Kürbis und Kartoffeln verwenden. Bei den gegarten Gemüsesorten eignen sich Auberginen, Zucchini, Kürbis, Karotten, Spinat, Mangold, Zwiebeln und Rote Bete besonders gut. Auch Gemüsemischungen und Gemüseeintöpfe können verwertet werden, solange keine Kohlsorten enthalten sind.

Obst können Sie roh geraffelt oder püriert verwenden. Hier eignen sich Äpfel, Birnen, Mirabellen, Zwetschgen, Bananen, Orangen und Mandarinen sehr gut. Im Prinzip können Sie auch alle Beeren verwenden. Blaubeeren eignen sich püriert nicht, da sie den Teig zersetzen.

ALTBROT Vielen Brotbäckern ist das bereits bekannt: Man kann trockenes Altbrot einfach würfeln und in etwas Flüssigkeit eingeweicht zum Teig geben. Noch besser werden Brote jedoch, wenn Sie diese Würfel vorher in einer Pfanne anrösten. Ich verwende am liebsten getrocknetes Altbrot, das ich im Backofen bei 200 °C etwa 10–20 Minuten röste und dann fein mahle. Dieses Altbrot kann verschlossen bis zu 6 Monate aufbewahrt werden, solange keine Saaten in den Brotresten waren. Durch Altbrot verbessert sich die Krume und die Frischhaltung. Wenn es geröstet und gemahlen ist, bekommt das Brot ein tolles Aroma.

SONSTIGE RESTE AUS DER KÜCHE Es gibt noch zahlreiche Reste aus der Küche, die zum Brotbacken verwendet werden können. Sie können z. B. rohe Eier (ganze Eier, Eigelb- und Eiweißreste) zu Brotteigen geben. Alle getrockneten Früchte können fein püriert oder auch stückig, wenn man es mag, verwertet werden. Sie können Gemüsesoßen, Bechamelsoßen und Gemüsefonds verwenden. Jede Nusssorte passt gehackt, ganz oder gemahlen in Brotteige. Dunkle Schokolade oder etwas Backkakao gibt Broten ein ganz besonderes Aroma. Sie können auch Reste von vielen Brotaufstrichen in den Brotteig geben.

Leider kann ich unmöglich alle Zutaten hier auflisten und in Rezepten verwenden, die sich gut in Brotteigen machen und es Ihnen erleichtern, Reste zu verwerten, statt sie wegzuwerfen. Sie haben aber hoffentlich jetzt eine Idee davon, was alles möglich ist. Seien Sie mutig und kreativ und probieren Sie einfach aus, was Sie sonst noch in Ihrem Brotteig unterbringen können.

DIE REZEPTE SCHRITT FÜR SCHRITT

WICHTIGES KNOW-HOW FÜR DIE REZEPTE

Damit Sie sich schnell orientieren können, sind der Aufbau und die Vorgehensweisen bei allen Rezepten gleich.

GAREZEITEN UND BACKZEIT In den Rezepten gibt es eine Übersicht über unterschiedliche Gare- bzw. Gehzeiten und die Backzeit des jeweiligen Brotes. Die Abkürzungen **RT** und **KS** bedeuten hier **Raumtemperatur** und **Kühlschrank**.

Diese unterschiedlichen Garezeiten erleichtern Ihnen den Prozess des Brotbackens im Alltag. Sie können jeweils auswählen, welche Gare am besten für Sie passt, und das Brotbacken an Ihren Alltag anpassen.

AUFLISTUNG DER ZUTATEN, ANGABE ZUM GEWICHT DES FERTIGEN BROTES Alle Zutaten und Alternativen, die Sie für das Rezept benötigen, werden hier aufgelistet. Die Gewichtsangaben gelten für das fertige Brot.

VORBEREITUNGEN Hier sind die Arbeitsschritte angegeben, die Sie vor dem eigentlichen Kneten erledigen müssen. Das kann z. B. das Herstellen eines Kochstücks sein, indem Sie Mehl und Wasser aufkochen – was Sie 1–2 Stunden vor dem Kneten erledigen sollten, damit die Masse abkühlen kann. Durch Kochstücke werden Brote besonders fluffig und bekommen eine bessere Frischhaltung. Weitere Vorbereitungen sind in den meisten Rezepten das Pürieren von festen Zutaten oder das Rösten von Saaten.

KNETEN Der erste Schritt ist das Mischen bzw. Kneten des Teiges. In allen Rezepten wird zuerst ein **Fermentolyseteig** gemacht. Das bedeutet, alle Zutaten, bis auf Salz, eine kleine Menge Flüssigkeit und Öl oder Butter, werden kurz vermischt, bis keine Mehlnester mehr zu sehen sind. Dieser Teig quillt anschließend 30 Minuten. Das hat den Vorteil, dass der Teig im Anschluss weniger lange geknetet werden muss und Sie gerade bei Teigen mit Saaten besser erkennen können, ob Sie noch mehr Flüssigkeit benötigen.

Wenn Sie **Anfänger** sind, rate ich Ihnen, keine weitere Flüssigkeit zuzugeben, sondern eher ein wenig zurückzuhalten, bis der Teig ungefähr zu ¾ ausgeknetet ist. Wenn Sie dann das Gefühl haben,

STOCK- UND STÜCKGARE

ERSTE GAREZEIT – DIE STOCKGARE

- Stockgare bei 26–27 °C: Hier finden Sie die Garezeit für eine 5 °C wärmere Temperatur (5 °C wärmer als die übliche Raumtemperatur), die Sie z. B. in den Sommermonaten schnell mal haben oder durch eine Gärbox erreichen können.
- Stockgare bei RT + KS: Hier sind die Zeiten für eine gemischte Gare bei Raumtemperatur und im Kühlschrank angegeben.

ZWEITE GAREZEIT – DIE STÜCKGARE

- Stückgare bei 26–27 °C: Hier finden Sie, ebenso wie oben, die Garezeit für eine 5 °C wärmere Temperatur (5 °C wärmer als die übliche Raumtemperatur), die Sie z. B. in den Sommermonaten schnell mal haben oder durch eine Gärbox erreichen können.
- Stückgare bei RT + KS: Hier sind die Zeiten für eine gemischte Gare bei Raumtemperatur und im Kühlschrank angegeben.

Fenstertest

der Teig ist noch sehr trocken, können sie noch schluckweise mehr Flüssigkeit dazugeben und unterkneten.

Die kleine Menge Flüssigkeit, die in den Rezepten nach der Hauptmenge angegeben ist, ist eher für **fortgeschrittene** BäckerInnen gedacht, die auch weichere Teige gut handeln können. Ob Ihr Teig noch Flüssigkeit benötigt, können Sie feststellen, indem Sie ihn mit einem nassen Finger einstupsen – gibt er wenig nach und fühlt sich eher fest an, braucht er noch etwas Flüssigkeit. Optimal ist es, wenn er nachgibt und sich weich und fluffig anfühlt.

Die **Knetzeit** kann je nach Knetmaschine und Knetstufen eventuell länger oder kürzer sein als in den Rezepten angegeben. Ich knete mit der Häussler Nova und benötige die in den Rezepten angegebene Zeit. Die Nova knetet in der höchsten Stufe für Brotteige eher nicht so schnell. Eine Ankarsrum braucht auf Stufe 1–2 fast doppelt so lange. Sie müssen hier also schauen, wie lange der Teig in Ihrer Maschine benötigt. Im Thermomix werden die Teigzutaten auf Stufe 4 20 Sekunden gemischt und nach der Fermentolyse nur 3 Minuten, bei manchen Teigen auch mal 4 Minuten im Teigprogramm geknetet. Zum Schluss sollte bei allen weizen- oder dinkellastigen Rezepten (außer Rezepte mit viel Schrot oder vollem Korn) der Fenstertest möglich sein. Dazu zieht man etwas von dem Teig mit nassen Händen hoch und zieht ihn vorsichtig auseinander, bis man fast durchschauen kann. Wenn der Teig dann nicht reißt, ist er optimal ausgeknetet.

Bei roggenlastigen Teigen können Sie von den Knetzeiten im Rezept ausgehen. Hier ist kein Fenstertest nötig bzw. möglich.

STOCKGARE Beim Brotbacken gibt es zwei verschiedene Garezeiten. Die erste ist die Stockgare, die nach dem Kneten beginnt und vor dem Formen endet. Innerhalb dieser Phase werden die meisten Teige (mit Ausnahme von No-Knead-Teigen und Roggenteigen) gedehnt und gefaltet. Das verhilft dem Teig dazu, mehr Gärbläschen zu entwickeln und mehr Stand zu bekommen.

FALTEN von weicheren Teigen

Weiche Teige falten Sie am besten mit nassen Händen, so klebt der Teig am wenigsten. Der Teig wird dazu hochgezogen und dann gefaltet (siehe 1–3).

Feste Teige werden eher gefaltet, indem eine Seite über die andere geklappt wird.

Wenn Sie die Stockgare verkürzen möchten, können Sie Ihren Sauerteig oder Lievito Madre (abgekürzt LM) vorher auffrischen oder mehr Hefe verwenden. Wie lange Ihr Teig dann in der Stückgare benötigt, müssen Sie selbst schauen – das kommt auf die Triebkraft Ihres Sauerteiges und auf das jeweilige Rezept an. Bei meinen Rezepten wurden Lievito Madre und Sauerteig in der Regel 1–7 Tage vorher aufgefrischt und dann in den Kühlschrank gestellt. Wenn Sie Ihre Triebmittel z. B. 2 Wochen vorher aufgefrischt haben und dann aus dem Kühlschrank heraus verwenden, geht die Gare entsprechend länger. Natürlich kann Ihr Sauerteig oder LM triebstärker als meiner sein, was auch die Gare beschleunigen würde, oder er kann weniger triebstark sein, was die Gare verlängert. Ich verwende nur Biohefe. Bei Verwendung von Industriehefe verkürzt sich die Stockgare bei Ihnen eventuell.

RUNDWIRKEN eines Teiglings

FORMEN Brotteige werden im ersten Arbeitsschritt immer rundgewirkt. Dazu nehmen Sie rundum die Außenseiten und falten diese nach innen zur Mitte, bis sie einen runden Teigling haben, ohne dabei zu viel Druck auf den Teig auszuüben (siehe 1 – 4).

Anschließend wird der Teigling umgedreht und noch ein wenig mit den Händen oder einer Teigkarte gerundet, damit mehr Spannung auf den Teig kommt. 5

Zum Langwirken drehen Sie den rundgewirkten Teigling um und falten das obere Drittel zur Mitte hin. 6

Anschließend falten Sie die andere Seite des Teiges ebenfalls zur Mitte hin. 7 Dann wird der obere Rand des Teiges zum unteren Rand gefaltet und die Naht mit den Fingern etwas festgedrückt. 8 – 9

Anschließend können Sie den Teigling auf der Arbeitsfläche etwas runder rollen und mit den Außenkanten der Hände oder einer Teigkarte noch etwas in Form bringen. 10 – 12

10

11

12

13

14

BREAD
15

Der Teigling kommt dann mit der Nahtseite (dem Schluss) nach unten oder oben in einen Gärkorb oder in eine Kastenform. Wenn der Schluss oben ist und nicht ganz geschlossen ist, können Sie ihn nachträglich noch mit den Fingern verschließen. 12 – 14

Ist Ihnen ein Teig mal zu weich zum Formen, können Sie ihn direkt in eine Kastenform geben und mit nassen Händen glattstreichen. Weichere Teige lassen sich sehr gut formen, wenn man mehr Routine hat. Am Anfang tut man sich da aber oft noch etwas schwer.

Damit der Teigling nicht austrocknet, ist es wichtig, ihn abzudecken. Dazu gibt es Folien mit Gummizug in verschiedenen Größen. 15

BRÖTCHEN RUND- ODER LANGWIRKEN Brötchen werden entweder geformt oder abgestochen. Zum Formen stechen Sie gleich große Teiglinge mit einer Teigkarte ab und wirken diese rund, genau wie beim Brotteig (siehe 16 – 18).

Noch besser ist es, sie zu schleifen, wenn Sie das beherrschen. Dazu legen Sie den Teigling auf die unbemehlte Arbeitsfläche und kreisen ihn schnell und vorsichtig in der hohlen Hand(siehe Foto „Rundschleifen“ auf S. 16).

ABSTECHEN von Teiglingen mit der Teigkarte

RUNDWIRKEN VON Brötchenteig

RUNDSCHLEIFEN von Brötchenteig

Dann lassen Sie die Teiglinge 10 Minuten ruhen und wirken sie nochmal straff rund.

Um längliche Brötchen zu bekommen, falten Sie den runden Teigling einmal von oben zur Mitte hin, drehen ihn um 360 °C und falten wieder einmal von oben zur Mitte hin (siehe 19 – 21).

Dann rollen Sie den Teigling mit wenig Kraft und wenig Mehl auf der Arbeitsfläche, wobei am meisten Druck auf die Außenseiten gegeben werden sollte, damit diese etwas dünner werden. 22

LANGWIRKEN Brötchenteigling 19 – 21. Rollen des langgewirkten Teiglings auf der Arbeitsfläche 22

BAGUETTE UND BROTSTANGEN FORMEN Die Teiglinge für Baguette und Brotstangen werden abgestochen und zu einem Zylinder geformt. Nach 10 Minuten wird das obere Ende zur Mitte hin und das untere Ende ebenfalls zur Mitte hin gefaltet. Dann falten Sie nochmal das obere Ende zum unteren Ende und klopfen mit dem Handballen das untere Ende ab, damit der Teig sich schließt. Jetzt können Sie den Teigling ausrollen, wobei am meisten Druck auf die Enden ausgeübt werden sollte, damit die typischen dünneren Enden entstehen. 23–30

Falls im Rezept ein Topping angegeben ist oder Sie eins verwenden möchten, kommt das bei trockenen Zutaten direkt nach dem Formen auf die Oberfläche.

EINSCHNEIDEN VON Baguette

Wenn Sie Saaten verwenden, bitte immer vorher die Oberfläche mit Wasser einpinseln oder einsprühen und, nachdem Sie die Saaten aufgebracht haben, nochmal mit Wasser einsprühen.

Zum Bestreuen mit Mehl oder Grieß verwenden Sie am besten ein kleines Teesieb.

Für Brötchen stellen Sie sich einen kleinen Teller mit den jeweiligen Saaten und einen kleinen Teller mit wenig Wasser bereit. Auf den Teller mit Wasser legen Sie ein doppelt gefaltetes Küchenpapier. Dann können Sie die Teiglinge mit der Oberfläche erst im Wasser und anschließend in den Saaten wälzen. Das hat den großen Vorteil, dass die Saaten nicht so nass werden und der Rest weiterverwendet werden kann. Feuchte Toppings verwenden Sie erst unmittelbar vor dem Einschießen.

STÜCKGARE Die Stückgare beginnt nach dem Formen und endet mit dem Einschießen des Teiglings in den Backofen. Wichtig ist, dass Sie selbst auf den richtigen Garezustand achten, da dieser nicht immer ganz genau so ist wie im Rezept angegeben. Je nach Raumtemperatur, Luftfeuchtigkeit, Triebmitteln und deren Alter und Teigtemperatur dauert es bei Ihnen länger oder kürzer. In allen Rezepten sind außerdem alternative Garezeiten angegeben, die es Ihnen ermöglichen, das Brotbacken besser in Ihren Alltag zu integrieren.

Gare bei RT (RT = Raumtemperatur): Hierbei handelt es sich um die normale Stückgare bei einer Raumtemperatur von etwa 21–22 °C. Das ist die durchschnittliche Temperatur in meiner Küche. Falls Sie eher 20 °C haben, benötigt ihr Teig mehr Zeit, falls Sie eher 24 °C haben, ist er schneller fertig.

Gare bei 26–27 °C: An warmen Tagen im Sommer oder wenn Sie eine Möglichkeit haben, Ihren Teig wärmer zu stellen, benötigt Ihr Teigling nur noch die halbe Zeit zum Gehen.

Gare bei RT und im KS (KS = Kühlschrank): Hier finden Sie die Zeiten für eine gemischte Gare bei Raumtemperatur und im Kühlschrank. So können Sie z. B. am frühen Abend den Teig ansetzen und diesen durch die Kühlschrankgare am nächsten Morgen frisch backen oder bereits am Vormittag einen Teig für den nächsten Tag ansetzen. Sie können hier noch weiter variieren, indem Sie **für 1 Stunde Gare bei RT ungefähr 8 Stunden im Kühlschrank** rechnen, ausgehend von einer

Raumtemperatur von 21–22 °C und einer Kühlschranktemperatur von 6–7 °C. Lesen Sie sich dazu bitte unbedingt auf Seite 25 den Abschnitt mit den alternativen Garezeiten durch.

Die richtige Gare können Sie selbst gut durch den **Fingertest** bestimmen. Wenn Sie mit einem bemehlten oder nassen Finger in den Teig stippen und der Teig sich gleich wieder auffüllt, braucht er noch Zeit. Wenn das Loch danach bleibt, ist der optimale Zeitpunkt zum Einschießen.

FENSTERTEST BEI einem Teig mit Saaten

BACKEN Zum **Einschneiden** verwenden Sie am besten ein spezielles Einschneidemesser oder ein gezacktes Messer. Wenn der Teig sehr weich ist, hilft es, die Klinge vorher in etwas Öl oder Wasser zu tauchen oder eine Schere zu verwenden.

Brote benötigen zwischen 45 und 60 Minuten **Backzeit**. Wenn Sie aus dem Teig 2 kleine Brote machen, reduziert sich die Backzeit um ca. 10–15 Minuten. Brötchen benötigen 15–18 Minuten, Baguette und Stangenbrote 15–20 Minuten.

Eingeschossen wird immer bei möglichst hoher **Temperatur**. Bei mir sind das 250 °C. Nach 10 Minuten wird die Temperatur um 40–60 °C runtergedreht. Haben Sie einen Backofen, der auf 300 °C aufheizt, schießen Sie bei dieser Temperatur ein und schalten ihn gleich auf 200 °C runter. Wichtig ist, dass Sie Ihren Backofen kennen – fast jeder Backofen hat bei der Einstellung von 250 °C eine andere Temperatur. Manche müssen niedriger aufgeheizt werden, manche müssen früher runtergeschalten werden. Die meisten Backöfen heizen nicht die tatsächlich angegebenen Temperaturen, sondern sind oft darunter oder darüber. Daher kann es notwendig sein, den Backofen länger auf der hohen Temperatur zu lassen oder schneller runterzuschalten.

Ich verwende in meinem Backofen einen **Backstahl**, den man sich für ein paar Euro machen lassen kann (siehe auch Bezugsquellen im Serviceteil). Er wird mit aufgeheizt und der Teigling hat gleich beim Einschießen eine gute Untergrundhitze, auch im Kasten. Ersatzweise können Sie ein Backblech mit aufheizen.

Beim Backen sollte außer bei sehr roggenlastigen Broten immer **geschwadet** werden, d. h. es sollte Wasserdampf im Backofen entstehen. Es nützt aber nichts, wenn Sie einen Behälter mit Wasser mit aufheizen, denn man braucht den Dampf schon direkt beim Einschießen und ein erst allmählich aufheizender Wasserbehälter liefert den Dampf zu spät. Optimal ist ein kleiner Edelstahlbehälter, gefüllt mit Edelstahlschrauben oder Lavasteinen, der mit aufgeheizt wird. Dadurch kann sich mehr Dampf bilden und der Dampf wird etwas länger abgegeben. In diesen Behälter können Sie mit einer großen Spritze beim Einschießen etwa 60–80 ml Wasser hineineinspritzen. Im Fachhandel gibt es mittlerweile einen sogenannten Schwadomat. Dabei handelt es sich um einen kleinen Kasten, der dauerhaft im Backofen auf Höhe des Backgutes stehen kann und der mit einer Spritze mit Wasser befüllt wird. Der Schwadomat hat den großen Vorteil, dass er den Wasserdampf gleichmäßiger und direkt an der richtigen Stelle in den Backofen abgibt.

BASISWISSEN FÜRS BROTBACKEN

WICHTIGE GRUNDKENNTNISSE

WAS SIE WISSEN SOLLTEN, BEVOR SIE STARTEN

Wenn Sie Anfänger sind und noch nicht viel gebacken haben, sollten Sie sich dieses und das nächste Kapitel unbedingt durchlesen. Sie können bei den Rezepten immer wieder darauf zurückgreifen und viele Ihrer Fragen beantworten sich damit von selbst. Außerdem vermeiden Sie dadurch viele Anfängerfehler.

GÄNGIGE FACHBEGRIFFE

ALTBROT In der Regel ist Altbrot getrocknetes Brot, das eingeweicht zum Teig gegeben wird, oder wie bei den meisten Rezepten in diesem Buch getrocknetes und geröstetes Brot, das fein gemahlen wird. Dadurch werden Brote aromatischer und bleiben länger frisch.

ANSTELLGUT (ASG) Anstellgut ist der Sauerteig, der im Kühlschrank steht und immer wieder aufgefrischt oder zur Herstellung eines Sauerteiges genutzt wird. In allen Rezepten in diesem Buch wird Anstellgut aus dem Kühlschrank verwendet.

AUFFRISCHEN Damit Anstellgut (bzw. Sauerteig) triebfähig bleibt, sollte es regelmäßig mit Mehl und Wasser vermischt werden. Diesen Vorgang bezeichnet man als Auffrischen oder auch Füttern.

Ausbund

AUSBUND Dabei handelt es sich um einen oder mehrere Risse an der Oberfläche der Kruste, die entweder durch Schnitte gewollt sind oder durch die Faltung des Teiges durch Aufreißen an den entsprechenden Stellen entstehen.

AUTOLYSE Eine Autolyse ist ein Vorteig aus Mehl und Wasser. Die Zutaten werden vermischt und in der Regel 30–60 Minuten zum Quellen stehen gelassen. Der Teig muss anschließend nicht so lange geknetet werden, weil sich so die Glutenstränge bereits verbinden. Außerdem verbessern sich der Geschmack, das Volumen und die Kruste und es ist besser einschätzbar, ob der Teig beim anschließenden Kneten noch mehr Flüssigkeit benötigt. Die Autolyse wird bei den Rezepten in diesem Buch nicht angewendet, stattdessen gibt es die Fermentolyse.

EINSCHIESSEN Das Einbringen des Teiglings in den Backofen nennt man Einschießen. Der Begriff stammt vom sogenannten Einschießer,

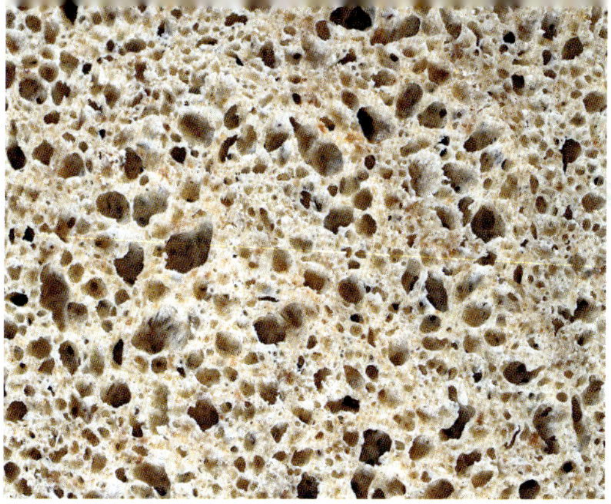

Krume

einem Holzbrett, das Bäcker nutzen. Das Einschießen sollte immer bei möglichst hoher Temperatur geschehen (250–300 °C), damit der Teig gut aufgeht und eine schöne Kruste bildet.

FERMENTOLYSE Hierbei handelt es sich um einen Autolyseteig, bei dem bereits die Triebmittel enthalten sind. In allen Rezepten in diesem Buch gibt es einen Fermentolyseteig, der die gleichen Auswirkungen hat wie der Autolyseteig. Er enthält in der Regel alle Zutaten, außer Salz und Fette bzw. Öle.

FREIGESCHOBEN Freigeschobene Brote werden ohne Form gebacken. Sie werden oft vorher im Gärkorb gehen gelassen. Bei nicht zu weichen Teigen können Sie alle Brote in diesem Buch auch freigeschoben backen. Dabei sollten Sie jedoch die Gare etwas verkürzen, da sonst das Stürzen aus dem Gärkorb schwierig werden könnte.

GARE Damit der Teig aufgehen und Aroma entwickeln kann, lässt man ihn bei einer bestimmten Temperatur eine Zeit lang stehen, dieser Vorgang wird Gare oder Gehen genannt. Bei der Gare handelt es sich um die Zeit ab dem Ende der Teigherstellung bis zum Einbringen in den Backofen. Dabei wird zwischen Stockgare, der Zeit nach dem Kneten bis vor dem Formen, und der Stückgare, der Zeit nach dem Formen bis zum Einbringen in den Backofen, unterschieden.

Gare

KRUME Das Innere des Brotes nennt man Krume. Von einer fluffigen Krume spricht man, wenn das Innere schön locker, luftig und wattig ist.

LANGWIRKEN Damit ein Teig die richtige Form für Kastenformen bekommt, sollte er möglichst langgewirkt werden. Dazu wird er erst rundgewirkt und anschließend langgewirkt. Auch für längliche Garekörbe oder längliche Brötchen wird der Teig langgewirkt.

PORUNG Durch die Gase der Triebmittel entstehen kleine Löcher in der Krume. Dabei handelt es sich um die Porung.

RUNDWIRKEN Um dem Teig eine Form zu geben, wird er rundgewirkt. Dazu wird der Teig immer von außen zur Mitte hin gefaltet, bis er eine runde Form hat. Aus diesem runden Teigling kann der Teig dann auch langgewirkt werden. Bei freigeschobenen Broten ist es wichtig, den Teig straff rundzuwirken, damit die Oberfläche richtig Spannung bekommt und das Brot beim Backen schön aufgeht, ohne zu viel Druck auf den Teig auszuüben.

SCHLUSS Die Naht im Teig, die durch das Wirken entsteht, wird Schluss genannt. Bei den meisten Rezepten in diesem Buch kommt der Schluss am Ende (nach dem Stürzen aus dem Gärkorb) nach unten, dann wird meistens die Oberfläche eingeschnitten. Manchmal kommt der Schluss auch nach oben, dann reißt der Teig an den Nahtstellen beim Backen gewollt auf.

Sie können sich Ihre Garezeiten für die Kühlschrankgare aber auch ganz einfach selbst umrechnen. **Eine Stunde Gare bei Raumtemperatur entspricht ungefähr 8 Stunden Gare im Kühlschrank.** Wenn Sie z. B. im Rezept eine Stückgare von 2 Stunden bei RT haben, können Sie den Teig 1 Stunde bei RT stehen lassen und 8 Stunden bei entsprechender Temperatur in den Kühlschrank stellen.

TIPPS FÜR ZU WEICHE TEIGE

Sollte Ihnen ein Teig zu weich geworden sein, kann das verschiedene Ursachen haben und somit gibt es auch verschiedene „Rettungs-Möglichkeiten".

Der Teig ist zu weich, da Sie zu viel Flüssigkeit genommen haben. Je nach Eiweißgehalt Ihres Mehles nimmt es mehr oder weniger Flüssigkeit auf. Ich arbeite meistens mit einem hohen Eiweißgehalt. Hat Ihr Mehl weniger, kann es nicht so viel Flüssigkeit binden. Die schlechteste Möglichkeit ist hier die weitere Zugabe von Mehl.
Abhilfe:

- Verwenden Sie das nächste Mal 20–30 g weniger Flüssigkeit.
- Geben Sie in den zu weichen Teig 1 TL Flohsamenschalen, kneten Sie diese unter und lassen Sie den Teig nochmal 30 Minuten quellen. Dann nochmal 2–3 Minuten kneten. Falls er immer noch zu weich ist, können Sie einen weiteren TL Flohsamenschalen unterkneten, wieder quellen lassen und nochmal 2–3 Minuten kneten.
- Alternativ können Sie Ihren Teig mit 2–3 EL geschrotetem Leinsamen oder 2–3 TL Chiasamen retten.
- Eine weitere Alternative ist die Zugabe von Altbrot oder Semmelbröseln, hier verwenden Sie etwa 20–25 g.

Der Teig ist erst homogen und wird dann während des Knetens weich und inhomogen. Dann ist ihr Teig wahrscheinlich zu warm geworden, entweder durch zu warme Flüssigkeit, durch ihre Knetmaschine oder durch die warme Umgebungstemperatur.
Abhilfe:

- Verwenden Sie beim nächsten Mal eiskalte Flüssigkeit (am besten vorher in den Kühlschrank stellen).
- Stellen Sie den Teig für 1 Stunde in den Kühlschrank. Rausnehmen und dann nur einmal rundum falten und wie im Rezept weiterverfahren.

Der Teig ist zu weich, um ihn zu formen. Nehmen Sie den Teig mit nassen Händen aus der Teigschüssel und geben Sie ihn direkt in die Kastenform. Dann mit nassen Händen die Oberfläche glattstreichen.

MEHLE UND ANDERE ZUTATEN

TEIGZUTATEN UND WIE SIE DIESE AUSTAUSCHEN KÖNNEN

Altbrot

Auch wenn man immer wieder hört, dass ein gutes Brot nur Mehl, Wasser, Hefe und Salz benötigt, gibt es doch eine Vielzahl von tollen Mehlen und anderen Zutaten, die sowohl den Geschmack, als auch die Frischhaltung wesentlich verbessern. Sie finden hier eine Übersicht der gängigen Zutaten, die in der Brotbäckerei vorkommen und ich zeige Ihnen, wie Sie diese untereinander austauschen können.

MILCHPRODUKTE Ich verwende bei meinen Brotrezepten gerne verschiedene Milchprodukte, da sie mehr Geschmack, Fluffigkeit und oft eine bessere Frischhaltung in das fertige Brot bringen. Milchprodukte können Sie jederzeit durch vegane Produkte ersetzen. Diese sollten dann entweder die gleiche Konsistenz haben oder Sie verwenden entsprechend mehr oder weniger. Natürlich können Sie in allen Rezepten die Milchprodukte auch weglassen und einfach durch Wasser ersetzen. Sie bekommen dadurch jedoch einen anderen Geschmack, eine weniger fluffige Krume und die Brote halten unter Umständen nicht so lange frisch. Dabei müssen Sie ebenfalls nur die Konsistenz beachten. Wenn Sie z. B. Mascarpone durch Wasser ersetzen, benötigen Sie weniger Wasser, da Mascarpone ja viel dicker ist.
Milchprodukte mit der gleichen Konsistenz können Sie problemlos untereinander austauschen:

- Sahne, Buttermilch und Kefir
- Quark, Schmand, Crème fraîche, saure Sahne, Frischkäse, Sahnejoghurt und Mascarpone

ANDERE FLÜSSIGKEITEN Flüssigkeiten mit gleicher Konsistenz können 1:1 untereinander getauscht werden.

Zum Beispiel Wasser, Saft, Milch (auch vegane Sorten), Bier, Cidre, Kaffee und Tee.

ALTBROT Es bringt ein wunderbares Aroma ins Brot und verbessert die Krume und die Frischhaltung. Ich sammle trocken gewordenes Brot, bis ich ein Backblech voll zusammen habe. Das wird dann bei 200 °C geröstet, bis es Farbe annimmt, und abgekühlt gemahlen. Sollten Sie kein Altbrot haben, können Sie Semmelbrösel verwenden und diese in einer Pfanne oder im Backofen etwas rösten. Gemahlenes Altbrot hält etwa 6 Monate, solange keine Saaten darin enthalten sind. Saaten enthalten oft Fette und sorgen dafür, dass das gemahlene Altbrot schnell ranzig wird. Altbrot nimmt die zweifache Menge an Wasser auf. Geben Sie z. B. 50 g Altbrot zusätzlich zu einem Brotteig, brauchen Sie etwa 100 g Wasser extra.

FETTE BZW. ÖLE Bei manchen Rezepten werden Öle oder Butter verwendet. Sie können Öle immer untereinander austauschen. Butter kann ebenfalls durch Margarine oder Schmalz ausgetauscht werden bzw. bei einer kleinen Menge auch durch Öl. Fett sorgt in Brotteigen für eine verbesserte Haltbarkeit und ein besseres Volumen.

SÜSSUNGSMITTEL Ich verwende gerne Zuckerrübensirup oder Honig in meinen Rezepten. Diese können durch jedes andere Süßungsmittel wie Agavendicksaft, Ahornsirup, Zucker, Kokosblütenzucker, Reissirup usw. ersetzt werden, oder sie können auch einfach weggelassen werden. Diese Zuckerarten unterstützen die Hefetätigtkeit, d. h. wenn Sie keine Zuckerart zugeben, kann die Gare bei Ihnen eventuell länger dauern.

SAATEN Samenkörner sorgen für mehr Geschmack und Biss und eine bessere Wasseraufnahme. Der Teig kann also durch die Zugabe von Saaten mehr Wasser speichern und das fertige Brot bleibt dadurch länger frisch. Saaten können jedoch

VON OBEN links nach unten links: Goldleinsamen, schwarzer Sesam, brauner Sesam

VON OBEN rechts nach unten rechts: gepuffter Amaranth, Sonnenblumenkerne, geschroteter Leinsamen, Kürbiskerne

unterschiedliche Flüssigkeitsmengen aufnehmen. Falls Sie sie austauschen wollen, müssen Sie das berücksichtigen. Saaten bringen noch mehr Aroma ins Brot, wenn Sie diese vorher in einer Pfanne trocken rösten.

Auch gepuffter Quinoa und gepuffter Amaranth sind tolle Brotzutaten und können zusammen mit Saaten oder auch einzeln zum Teig gegeben werden.

- ½ Flüssigkeitsaufnahme: Nüsse, Sonnenblumenkerne, Kürbiskerne, Sesam, Hanf, Hirse
- 1-fache Flüssigkeitsaufnahme: Schrot, Grieß und Flocken
- 1,5-fache Flüssigkeitsaufnahme: ganzer Leinsamen
- 2-fache Flüssigkeitsaufnahme: geschroteter Leinsamen, Kleie
- 5- bis 6-fache Flüssigkeitsaufnahme: Chiasamen
- 30- bis 40-fache Flüssigkeitsaufnahme: Flohsamenschalen – sie nehmen ein Vielfaches ihres Eigengewichtes an Wasser auf und binden es im Teig. Daher sind sie eher schlecht zu ersetzen.

Flohsamenschalen

MEHLE UND GETREIDE Die gängigen Mehle in Deutschland sind die Mehltypen Weizen 550, Weizen 1050, Dinkel 630, Dinkel 1050 und Roggen 1150 oder 1370 sowie Weizen-, Dinkel- und Roggen-Vollkornmehle. Außerdem wird Getreide noch in der Konsistenz bzw. Feinheit unterschieden. Am feinsten ist Auszugsmehl,

Mehl, Vollkornmehl, Dunst, Grieß und Schrot

Die unterschiedlichen Mehlsorten

Deutschland	Österreich	Schweiz	Frankreich	Italien
Weizenmehl 405	W480 glatt	Weißmehl	Weizenmehl T45	Tipo 00
Weizenmehl 550	W480 griffig	Weißmehl	Weizenmehl T55/T65	Tipo 0 oder Manitobamehl
Weizenmehl 812	W700	Halbweißmehl	Weizenmehl T80	Tipo 1
Weizenmehl 1050	W1600	Ruchmehl	Weizenmehl T110	Tipo 2
Weizenvollkorn	W1800	Vollkornmehl	Weizenmehl T150	Weizen Integrale
Roggenmehl 997	R960		Roggenmehl T85	Roggenmehl Tipo 0
Roggenmehl 1150			Roggenmehl T130	Roggenmehl Tipo 1
Roggenvollkorn	R2500 oder Roggenvollkorn	Roggenmehl 1900	Roggenmehl T170	Roggen Integrale
Dinkelmehl 630	D700 glatt	Dinkel-Weißmehl		Bianca
Dinkelmehl 1050	D1500	Dinkel-Ruchmehl		Dinkel Integrale

AUSTAUSCH VON MEHLSORTEN

In Deutschland, Österreich, der Schweiz, Frankreich und Italien gibt es vergleichbare Mehlsorten, die untereinander getauscht werden können. Italienische und französische Mehle haben oft einen höheren Klebergehalt und benötigen mehr Flüssigkeit als die vergleichbaren deutschen Typen. Bestimmte Brote oder Brötchen wie z. B. Baguette oder Ciabatta würde ich immer mit einer Mehlsorte mit hohem Klebergehalt machen. Ansonsten können die Mehle gut gegen typische deutsche Mehle getauscht werden. In der Regel benötigt man dann weniger Flüssigkeit.

etwas gröber Dunst, noch gröber Grieß und schließlich Schrot, den es fein oder grob gemahlen gibt.

Einige Rezepte in diesem Buch sind mit italienischen oder französischen Mehlen gemacht, viele enthalten auch Urkornmehle. Es ist nicht notwendig, all diese Mehle zu Hause zu haben, da viele untereinander getauscht werden können. Je nachdem müssen dann die Flüssigkeitsmengen etwas angepasst werden. Der Vorteil von französischen und italienischen Mehlen ist, dass sie meist mehr Flüssigkeit aufnehmen als die deutschen Typen. Dadurch erhalten Brote eine feuchtere Krume und bleiben länger frisch. Die Teige bekommen eine schöne, lockere Krume und einen anderen Geschmack. Man muss sie nicht alle haben, aber ich rate dazu, sich zumindest eine italienische Sorte wie Manitoba oder Tipo 0 und eine französische Sorte wie T55 oder T65 zu besorgen. Diese bekommen Sie mittlerweile in vielen Online-Shops für Hobbybäcker (siehe Bezugsquellen im Serviceteil des Buches) und in manchen Mühlenläden.

VERSCHIEDENE URKORNSORTEN (von oben nach unten): Dinkel, Emmer, Einkorn, Khorasan, Waldstaudenroggen

LINKS OBEN Rotkornweizen-Vollkornmehl, unten Rotkornweizen, oben rechts Gelbweizen-Vollkornmehl, unten Gelbweizen

Bei allen Rezepten mit nicht gängigen Mehlen ist eine Alternative mit einem gängigen Mehl angegeben.

Champagnerroggenmehl 1000 kann gegen Roggenmehl 1150 oder 1370 und eventuell etwas mehr Flüssigkeit getauscht werden.

Buchweizenmehl sollte nicht ersetzt werden, weil es dem Brot einen ganz besonderen Geschmack verleiht.

Bei den Urkornmehlen in diesem Buch handelt es sich fast ausschließlich um Vollkornmehle. Die Sorten Emmer, Urdinkel, Khorasan (Kamut), Einkorn, Rotkorn und Gelbweizen können alle untereinander getauscht werden oder durch Weizen- und Dinkel-Vollkornmehl ersetzt werden. Das gleiche gilt für Waldstaudenroggen und Champagnerroggen und auch hier kann gegen Roggen-Vollkornmehl getauscht werden.

Eine Ausnahme bildet Semola Rimacinata, doppelt gemahlener Hartweizengrieß, den ich nicht austauschen würde, da er einen ganz besonderen Geschmack und eine tolle Konsistenz in Backwaren bringt. Eine Alternative wäre aber hier normaler Hartweizengrieß, den es in vielen Geschäften zu kaufen gibt.

Semola Rimacinata

TRIEBMITTEL Die Rezepte in diesem Buch sind ausschließlich mit frischer Hefe und/oder Lievito Madre und/oder Sauerteig gemacht. Sauerteig und Lievito Madre sollten Sie möglichst selbst ansetzen, da die gekauften Pülverchen keine direkte Triebkraft haben. Die Anleitungen finden Sie am Ende dieses Kapitels. Wenn Sie Ihren Sauerteig oder Lievito Madre einmal angesetzt haben und gut pflegen, kann er ein Leben lang halten.

Ich verwende in allen Rezepten ausschließlich frische Biohefe. Sollten Sie Industriehefe verwenden, sind Ihre Gehzeiten eventuell kürzer. Bei Verwendung von Trockenhefe müssen Sie berücksichtigen, dass Sie weniger benötigen. 1 g Trockenhefe entspricht 3 g Frischhefe.

Sauerteig und Lievito Madre kann untereinander getauscht werden. Wird statt Lievito Madre Anstellgut genommen, muss die Flüssigkeit reduziert werden, wird Lievito Madre statt Anstellgut genommen, benötigt man etwas mehr Flüssigkeit. Allerdings kommen bei den meisten Rezepten in diesem Buch so kleine Mengen Triebmittel in die Teige, dass Sie sie 1:1 tauschen können. Viele der Rezepte mit Sauerteig oder Lievito Madre können auch einfach nur mit Hefe gemacht werden, dann nehmen Sie einfach 1–2 g mehr Hefe und achten aber auf die Gare, die sich dadurch eventuell etwas verändert. Eine Ausnahme bilden hier roggenlastige Teige, dafür sollten Sie auf jeden Fall Sauerteig oder Lievito Madre nehmen.

SAUERTEIG SELBST ANSETZEN

ANSETZEN UND WEITERFÜHREN VON EIGENEM SAUERTEIG

Ein eigener Sauerteig ist eine große Bereicherung für das Backen von Broten, Brötchen, süßem und herzhaftem Gebäck. Er versäuert nicht nur den Teig, sondern gibt auch zusätzliche Triebkraft und Aroma.

Der Teil vom fertig angesetzten Sauerteig, der als Grundlage für neue Sauerteige in den Kühlschrank kommt, wird Anstellgut genannt (in Rezepten oft als ASG abgekürzt). Zum Sauerteig wird das Anstellgut, indem man etwas davon abnimmt, mit Mehl und Wasser vermischt und eine bestimmte Zeit stehen lässt.

Am besten geeignet sind zum Ansetzen und Weiterführen von Sauerteig Einmachgläser mit Glasdeckel. Sie sind einfach zu reinigen, können im Kühlschrank gestapelt werden und man sieht sehr gut, wann die Teige reif sind.

Zum Ansetzen eines Sauerteiges nimmt man am besten die Mehlsorte, die man beim Backen am meisten bevorzugt. Das kann außer einem Roggenmehl auch Weizen- oder Dinkelmehl oder eine Urkornsorte sein. Auszugsmehle sind zwar geeignet, ich bevorzuge aber frisch gemahlene Vollkornmehle, da alle Sauerteige damit am triebstärksten sind. Ein Sauerteig kann rein angesetzt werden, also mit einer Mehlsorte oder auch als Misch-Sauerteig mit zwei Mehlsorten. Beim Misch-Sauerteig nimmt man in der Regel eine Roggen- und eine Weizen- oder Dinkelsorte. Mit allen Sauerteigen kann man jeden beliebigen Sauerteig ansetzen. Man kann z. B. einen Weizensauerteig für das Ansetzen eines Roggenbrotes nehmen oder umgekehrt.

ANSETZEN VON SAUERTEIG

Einen Sauerteig anzusetzen dauert etwa 7 Tage und ist ganz einfach.

Am ersten Tag verrührt man 50 g Mehl mit 50 g Wasser. Diese Masse rührt man einmal nach 12 Stunden um und lässt sie 24 Stunden abgedeckt stehen.

Vom 2. bis zum 7. Tag werden jeweils 50 g vom Vortag abgenommen und mit einem Schneebesen in 50 g Wasser aufgelöst. Dann werden 50 g Mehl untergemischt und der Teig bleibt wieder 24 Stunden stehen.

Nach 7 Tagen sollte er sich nach dem Füttern in 4–8 Stunden verdoppeln. Dann ist ihr Anstellgut (ASG) fertig und kann kühlgestellt werden.

PFLEGE VON SAUERTEIG

Mit der richtigen Pflege bleibt Ihnen Ihr Anstellgut lebenslang erhalten. Das Anstellgut im Kühlschrank sollte alle 7–14 Tage gefüttert bzw. aufgefrischt werden, damit es nicht verhungert. Am besten eignet sich dazu meiner Erfahrung nach frisch gemahlenes Vollkornmehl. Damit der Sauerteig dauerhaft triebstark bleibt und nicht schlapp macht, wird im Verhältnis 1 Teil ASG, 1 Teil Wasser und 1 Teil Mehl gefüttert, wobei die Wasser- und Mehlmenge jederzeit erhöht werden kann, wenn Sie mal mehr benötigen. Nach dem Füttern sollte er sich immer erst verdoppeln, bevor er wieder kühlgestellt wird.

Die Mehlsorten sollten übrigens nicht immer wieder getauscht werden, am besten bleiben Sie bei der Mehlsorte, mit der der Teig auch angesetzt wurde.

ANSTELLGUT
einige Stunden nach Fütterung

VERWENDUNG VON ANSTELLGUT (ASG)

ASG kann bei langer Teigführung direkt aus dem Kühlschrank verwendet werden. Ansonsten wird ein Vorteig angesetzt, der aus etwa 2–6 % ASG, 20–30 % Wasser und 20–30 % Mehl besteht (immer ausgehend von der zu verwendenden Mehlmenge für das Brot). Bei 500 g Mehl wird also ca. 10–30 g ASG, 100–150 g Wasser und 100–150 g Mehl genommen. Dieser Teig bleibt stehen, bis er reif ist. Das können je nach Raumtemperatur und Triebkraft 3–12 Stunden sein.

Wenn Sie Ihr Brot richtig versäuert haben möchten, sollten der Vorteig bzw. das aufgefrischte ASG und der Hauptteig bei Raumtemperatur gehen. Wollen Sie es eher mild, sollte das aufgefrischte ASG bzw. der Vorteig warm bei 28–32 °C gehen. Das verkürzt die Gehzeit und macht den Teig milder.

Für reine Sauerteigbrote ohne andere Triebmittel sollte das ASG mindestens zwei- bis dreimal aufgefrischt werden, damit es genug Triebkraft hat, er sollte also zwei- oder dreistufig geführt werden.

NOTFALLHILFE FÜR IHREN SAUERTEIG

IM ASG REGT SICH NICHTS MEHR, ER GEHT NACH DEM FÜTTERN NICHT MEHR AUF Nehmen Sie 50 g von ihrem ASG ab und schlagen Sie diese mit 50 g lauwarmem Wasser mit einem Handrührer auf, bis sich das ASG aufgelöst hat. Dann 50 g Mehl untermischen und den Teig abgedeckt möglichst warm bei 28–32 °C gehen lassen. Eventuell noch ein- bis zweimal wiederholen.

DAS ASG RIECHT NACH NAGELLACKENTFERNER UND AUF DER OBERFLÄCHE HAT SICH EIN BRAUNES WASSER ABGESETZT Ihr ASG hat Hunger und möchte gefüttert werden. Das braune Wasser, der sogenannte Fusel, kann mit untergerührt werden.

IHR ASG ODER DER SAUERTEIG RIECHT IMMER SEHR SAUER UND DIE BROTE SCHMECKEN EBENFALLS SEHR SÄUERLICH Füttern Sie Ihren Sauerteig wie gewohnt und stellen Sie ihn zum Gehen warm (28–32 °C). So wird er milder. Es dauert dann je nach Triebkraft 3–6 Stunden, bis er fertig ist.

SIE HABEN GROSSE MENGEN ASG IM KÜHLSCHRANK, DA SIE NICHT SO OFT ZUM BACKEN KOMMEN Dafür gibt es Auffrischrezepte, in denen größere Mengen direkt aus dem Kühlschrank verwendet werden können (siehe Seite 56 und 164). Außerdem können Sie zu beliebigen Brotteigen immer 1–2 EL geben, als eine Art Aromateig.

ES IST FÜR SIE NICHT WIRKLICH ERSICHTLICH, WANN IHR SAUERTEIG REIF IST Nehmen Sie 1 TL ab und geben Sie den Teig in ein Glas mit Wasser. Sinkt er, ist er noch nicht reif, schwimmt er, ist er reif.

DAS ASG HAT EINE GRAU-SCHWARZE SCHICHT ODER WEISSE PUNKTE AUF DER OBERFLÄCHE (KOMMT MEISTENS VOR, WENN ER LÄNGER NICHT GEFÜTTERT WURDE) In den allermeisten Fällen ist das nicht Schimmel, wie viele annehmen. Es handelt sich dabei oft um völlig harmlose Kahmhefen, die lediglich anzeigen, dass der Sauerteig gefüttert werden möchte. Schimmel ist in der Regel grünlich und hat einen leicht haarigen Pelz.

Links frisch gefütterter Lievito Madre, rechts frisch gefüttertes Anstellgut

Links aufgegangener Lievito Madre, rechts aufgegangenes Anstellgut

LIEVITO MADRE SELBST ANSETZEN

ANSETZEN UND WEITERFÜHREN VON LIEVITO MADRE

Lievito Madre (abgekürzt LM) ist ein italienischer Sauerteig. Er ist sehr mild und eignet sich für Brote, aber auch für süßes Gebäck und Kuchen oder Pizza. Er wird fester geführt, als die bei uns bekannten Sauerteige, kann aber auch immer als Ersatz für jeden Sauerteig genutzt werden.

Es gibt verschiedene Möglichkeiten, einen Lievito Madre anzusetzen. Ich zeige Ihnen hier nur die schnelle 5-Tages-Methode. Weitere Möglichkeiten finden Sie in meinem Blog (siehe Service, Seite 170).

LIEVITO MADRE
einige Stunden nach Fütterung

ANSETZEN VON LIEVITO MADRE (LM) IN 5 TAGEN

Bei dieser Methode ist es wichtig, dass der Teig durchgehend warm steht, d. h. bei einer Temperatur zwischen 26 und 32 °C. Manchmal hat der Backofen diese Temperatur, wenn man nur das Licht anmacht. Ansonsten helfen ein paar warme Sonnentage und nachts kann man ihn in ein Handtuch mit einer Wärmeflasche einpacken. Der Sommer mit seinen manchmal heißen Tagen und schwülen Nächten eignet sich hervorragend oder man stellt ihn im Winter auf die warme Heizung. Eine weitere Möglichkeit ist eine Kühlbox mit einer großen Flasche heißem Wasser.

Am ersten Tag werden 110 g Weizenmehl 550 mit 50 g Wasser, 1 TL Olivenöl und 1 TL Honig vermischt. Dieser Teig wird zu einer Kugel geformt und möglichst in ein hohes Glas gelegt (am besten ein Einmachglas mit Glasdeckel). Dann wird die Kuppel kreuzförmig eingeschnitten, der Deckel aufgelegt und der Teig 24 Stunden warmgestellt.

Von Tag 2 bis Tag 5 wiederholt sich die Fütterung wie folgt:
Sie nehmen 100 g von dem Ansatz ab und schlagen diesen mit einem Handrührer oder Schneebesen in 50 g Wasser auf. Wenn sich alles aufgelöst hat, werden 110 g Weizenmehl untergeknetet. Wieder zu einer Kugel formen, in ein hohes Glas setzen, einschneiden und abgedeckt warm gehen lassen.

Am Tag 5 sollte sich der Teig nach dem Füttern in 4–6 Stunden mindestens verdoppeln. Wenn das bei Ihnen noch nicht der Fall ist, füttern Sie ihn einfach noch ein- bis zweimal wie zuvor.

Die Reste, die nach dem jeweiligen Füttern übrigbleiben, können Sie im Kühlschrank sammeln und nach und nach zu Ihren Brotteigen geben. Einfach bis zu 100 g bei einem beliebigen Teig dazugeben und eine Prise mehr Salz, ansonsten am Rezept nichts ändern. Der Teig hat noch nicht viel Triebkraft, man merkt aber den Unterschied schon.

PFLEGE VON LIEVITO MADRE

Lievito wird am besten 4–12 Stunden vor Verwendung gefüttert. Je nach Triebstärke und Temperatur ist er schneller fertig oder braucht länger. Das Füttern bzw. Auffrischen macht man im Prinzip genau wie das Ansetzen. Es reicht, im Kühlschrank eine Menge von 100–200 g zu haben. Dieser Ansatz kann jederzeit mit einer großen Menge Mehl und Wasser gefüttert werden, wenn man mehr benötigt. Nach dem Verdoppeln oder Verdreifachen können Sie Ihren Lievito wieder in den Kühlschrank stellen.

Gefüttert wird mit der Menge, die man für seinen Teig benötigt. Brauchen Sie z. B. 150 g für ein Rezept, schlagen Sie Ihren Ansatz mit 50 g Wasser mit dem Handrührer auf, bis sich alles aufgelöst hat und kneten dann 100–110 g Mehl unter, so dass er fest und formbar ist. Am besten geht das übrigens in der Knetmaschine. Der Teig sollte sich so von der Schüssel lösen, dass kaum Rückstände bleiben. Der Teig wird dann wieder zu einer Kugel geformt, in ein hohes Glas mit Deckel gegeben, eingeschnitten und abgedeckt.

Mit den Gehzeiten sind Sie jetzt auch schon flexibel. Geht der Teig bei normaler Raumtemperatur, braucht er in der Regel zwischen 4 und 12 Stunden, bis er sich verdoppelt oder sogar verdreifacht hat. Geht er bei 28–32 °C, benötigt er nur noch 3–5 Stunden.

Am Anfang sollte der LM noch alle 7–14 Tage gefüttert werden, später reichen auch mal alle 3 Wochen, falls sie keinen benötigen oder in Urlaub fahren.

VERWENDUNG VON LIEVITO MADRE

Bei langer Gare (mehr als 7–8 Stunden) kann LM direkt aus dem Kühlschrank ohne Auffrischen verwendet werden. Ansonsten sollte er immer vorher aufgefrischt werden. Er kann danach noch bis zu 24 Stunden im Kühlschrank stehen, bevor er verwendet wird.

ALS ALLEINIGES TRIEBMITTEL Wird LM ohne andere Triebmittel verwendet, füttern Sie ihn am besten zweimal, d. h. Sie füttern ihn, lassen ihn stehen, bis er sich mindestens verdoppelt hat, und füttern ihn dann nochmal. Nach der zweiten Verdopplung ist er einsatzbereit. Sie benötigen etwa 20–40 % der Mehlmenge, bei 500 g Mehl also 100–200 g LM.

ALS ZUSÄTZLICHES TRIEBMITTEL LM kann zusätzlich zu Hefe, Sauerteig oder Hefewasser genutzt werden. Dann reicht es, ihn einmal vorher aufzufrischen. Bei 500 g Mehl reichen 50–100 g Lievito Madre, also 10–20 % der Mehlmenge.

ALS SAUERTEIG-ERSATZ Um einen Sauerteig damit anzusetzen, nehmen sie 10 % der Gesamtmehlmenge und setzen den Ansatz mit Mehl und Wasser im Verhältnis 1:1 wie Sauerteig an. Bei 500 g Mehl sind das dann 50 g LM, 100 g Wasser und 100 g Mehl. Je nach Wärme benötigt der Teig 4–12 Stunden. Hier muss der LM nicht vorher aufgefrischt werden.

TEIGE MIT LANGER GARE (MEHR ALS 7–8 STUNDEN) Bei Teigen mit langer Gare kann LM ungefüttert direkt aus dem Kühlschrank verwendet werden. In diesem Fall nimmt man 10–30 % der Mehlmenge, bei 500 g Mehl also 50–150 g LM.

NOTFALLHILFE FÜR IHREN LIEVITO MADRE

IHR LM GEHT NACH DEM FÜTTERN KAUM NOCH AUF Nehmen Sie 50 g von Ihrem LM ab und schlagen Sie diese mit 100 g lauwarmem Wasser mit einem Handrührer auf, bis sich der Teig komplett aufgelöst hat und die Flüssigkeit schaumig ist. Dann 200 g Mehl unterkneten. Den Teig zu einer Kugel formen, oben kreuzweise einschneiden und in ein hohes Glasgefäß mit Deckel geben. Möglichst warm bei 28–32 °C gehen lassen. Eventuell noch 1 bis 2 Mal wiederholen.

SIE HABEN GROSSE MENGEN LM IM KÜHLSCHRANK UND KOMMEN NICHT ZUM BACKEN Dafür gibt es Auffrischrezepte, in denen größere Mengen direkt aus dem Kühlschrank genommen werden können (siehe Seite 56 und 164). Außerdem können Sie zu beliebigen Brotteigen immer mal 1–2 EL als eine Art Aromateig geben.

ES IST FÜR SIE NICHT WIRKLICH ERSICHTLICH, WANN IHR LM REIF IST Er sollte sich mindestens verdoppeln, optimalerweise verdreifachen. Befestigen Sie dazu direkt nach dem Füttern ein Gummiband an ihrem Glas, dann können Sie gut sehen, wie hoch er aufgeht.

IHR LM RIECHT SÄUERLICH UND LEICHT NACH NAGELLACKENTFERNER Auf diese Weise zeigt er Ihnen, dass er Hunger hat und gefüttert werden möchte. Wenn er zu säuerlich geworden ist, hilft es, ihn nach dem Füttern warm bei 28–32 °C zu führen, bis er sich verdoppelt oder verdreifacht hat.

IHR LM KLEBT SO SEHR, DASS SIE ES NICHT SCHAFFEN, IHN ZU EINER KUGEL ZU FORMEN Kneten Sie einfach so viel Mehl unter, bis der Teig nicht mehr klebt.

REZEPTE MIT MILCHPRODUKTEN

FREUNDSCHAFTSBROT NO KNEAD

Schweizer Ruchmehl und italienisches Semola Rimacinata, im Teig vereint mit Mascarpone und Lievito Madre, wird zu einem wunderbaren und geschmackvollen Brot, das seinen Namen „Freundschaftsbrot" verdient.

Stockgare bei 26–27 °C: 5–6 Stunden
Stockgare bei RT + KS: 9 Stunden RT + 8 Stunden KS
Stückgare bei 26–27 °C: 15–20 Minuten
Stückgare bei RT + KS: 10 Minuten RT + 3–4 Stunden KS
Backzeit: 45–50 Minuten

Zutaten für 1 Brot, ca. 900 g

- 400 g Ruchmehl, alternativ Weizenmehl 1050
- 100 g Semola Rimacinata, alternativ Hartweizengrieß
- 20 g Lievito Madre aus dem KS, alternativ Anstellgut für Sauerteig aus dem KS
- 3 g frische Biohefe
- 100 g Mascarpone
- 350 g Wasser
- 6 g Agavendicksaft
- 12 g Salz
- 15 g Olivenöl

MISCHEN Mascarpone und Lievito mit einem Pürierstab unter das Wasser rühren. Alle restlichen Zutaten dazugeben und mit einem Dänischen Schneebesen oder Kochlöffel so lange vermischen, bis keine Mehlnester mehr zu sehen sind. Den Teig mit nassen Händen rundum falten (am besten direkt neben dem Spülbecken bei laufendem Wasser, um die Hände immer wieder nass zu machen).

STOCKGARE Den Teig abgedeckt 10–12 Stunden bei Raumtemperatur gehen lassen. Wenn möglich nach 1–2 Stunden noch einmal mit nassen Händen rundum falten.

FORMEN Den Teig auf eine leicht bemehlte Unterlage geben und mit der Teigkarte von allen vier Seiten einmal nach innen falten. Den Teig rund- und anschließend langwirken und mit dem Schluss nach oben in einen länglichen Gärkorb geben.

STÜCKGARE Den Teigling bei Raumtemperatur 30–45 Minuten abgedeckt gehen lassen.

BACKEN Den Backofen auf 250 °C Ober- und Unterhitze vorheizen. Ein Backblech oder einen Backstahl mit aufheizen. Den Teigling auf Backpapier oder Backfolie stürzen und einschneiden. Einschießen und den Backofen schwaden. Nach 10 Minuten den Dampf ablassen und den Backofen auf 200 °C runterschalten. Weitere 35–40 Minuten backen.

WEIZEN-MOHN-FRISCHLING

Frischkäse ist wie alle Milchprodukte eine tolle Zutat für Brotteige. Die Frischhaltung verbessert sich und die Krume wird schön fluffig. Zusammen mit dem Crunch von ungemahlenem Mohn ergibt sich ein sehr leckeres Brot.

Stockgare bei 26–27 °C: 2 Stunden
Stockgare bei RT + KS: 3 Stunden RT + 8 Stunden KS
Stückgare bei 26–27 °C: 30 Minuten
Stückgare bei RT + KS: 30 Minuten RT + 4 Stunden KS; oder 10 Minuten RT + 6–8 Stunden KS
Backzeit: 45–50 Minuten

Zutaten für 1 Brot, ca. 900 g

Sauerteig

25 g Anstellgut für Sauerteig, alternativ 25 g Licvito Madre
110 g Wasser
100 g Gelbweizen-Vollkornmehl, alternativ Weizen-Vollkornmehl

Hauptteig

Sauerteig
250 g Weizenmehl 550
100 g Gelbweizen-Vollkornmehl, alternativ Weizen-Vollkornmehl
50 g Waldstaudenroggen-Vollkornmehl, alternativ Roggen-Vollkornmehl
3 g frische Biohefe
40 g Mohn, ungemahlen
90 g Frischkäse
240 g Wasser (+ 30 g für Fortgeschrittene)
6 g Zuckerrübensirup
12 g Salz

Topping

Mohn, ungemahlen

SAUERTEIG Das Anstellgut mit dem Wasser verrühren und Mehl untermischen. 4 Stunden warm (bis 32 °C) oder 8 Stunden bei Raumtemperatur gehen lassen.

KNETEN Alle Zutaten, außer Salz, in die Schüssel der Knetmaschine geben und 2 Minuten vermischen. 30 Minuten quellen lassen. Salz zugeben und 10 Minuten auf mittlerer Stufe kneten. Nach 5 Minuten eventuell restliches Wasser (die 30 g für Fortgeschrittene) zugeben.

STOCKGARE Den Teig in eine Schüssel geben und rundum falten und dehnen. Abgedeckt 4 Stunden bei Raumtemperatur gehen lassen. Nach 30, 60 und 90 Minuten einmal rundum falten.

FORMEN Den Teig auf eine leicht bemehlte Unterlage geben und rundwirken. 10 Minuten entspannen lassen und nochmal straff rundwirken. Einen Teller mit Mohn bereitstellen. Die Oberfläche des Teiglings mit Wasser einsprühen und im Mohn wälzen. Den Teigling mit dem Mohn nach unten in einen runden Gärkorb geben.

STÜCKGARE Den Teigling bei Raumtemperatur 60 Minuten abgedeckt gehen lassen.

BACKEN Den Backofen auf 250 °C Ober- und Unterhitze vorheizen. Ein Backblech oder einen Backstahl mit aufheizen. Den Teigling auf Backpapier oder Backfolie stürzen und einschneiden. Einschießen und den Backofen schwaden. Nach 10 Minuten den Dampf ablassen und den Backofen auf 200 °C runterschalten. Weitere 35–40 Minuten backen.

HÜTTENTALER

Hüttenkäse eignet sich wunderbar zur Resteverwertung in Brotteigen. Sie können ihn unpüriert zum Teig geben, da sich die Körnchen beim Kneten weitgehend auflösen.

Stockgare bei 26–27 °C: 2–2,5 Stunden
Stockgare bei RT + KS: 3 Stunden RT + 8–12 Stunden KS
Stückgare bei 26–27 °C: 30 Minuten
Stückgare bei RT + KS: 30 Minuten RT + 4 Stunden KS; oder 10 Minuten RT + 6–8 Stunden KS
Backzeit: 45–50 Minuten

Zutaten für 1 Brot, ca. 900 g

- 300 g Ruchmehl, alternativ Weizenmehl 1050
- 200 g Dinkelmehl 630
- 3 g frische Biohefe
- 200 g Hüttenkäse
- 270 g Wasser (+ 20 g für Fortgeschrittene)
- 5 g Agavendicksaft
- 12 g Salz

KNETEN Alle Zutaten, außer Salz, in die Schüssel der Knetmaschine geben und 2 Minuten auf kleiner Stufe mischen. 30 Minuten quellen lassen. Salz zugeben und 10 Minuten auf mittlerer Stufe kneten. Nach 5 Minuten eventuell das restliche Wasser (die 20 g für Fortgeschrittene) zugeben.

STOCKGARE Den Teig in eine Schüssel geben und rundum falten und dehnen. Abgedeckt 4–5 Stunden bei Raumtemperatur gehen lassen. Nach 30, 60 und 90 Minuten einmal rundum falten.

FORMEN Den Teig auf eine leicht bemehlte Unterlage geben und rundwirken. Anschließend langwirken und mit dem Schluss nach oben in einen länglichen Gärkorb geben.

STÜCKGARE Den Teigling bei Raumtemperatur 60 Minuten abgedeckt gehen lassen.

BACKEN Den Backofen auf 250 °C Ober- und Unterhitze vorheizen. Ein Backblech oder einen Backstahl mit aufheizen. Den Teigling auf Backpapier oder Backfolie stürzen und einschneiden. Einschießen und den Backofen schwaden. Nach 10 Minuten den Dampf ablassen und den Backofen auf 200 °C runterschalten. Weitere 35–40 Minuten backen.

KEFIR-MISCHA NO KNEAD

Kefir ist eine Art Sauermilch, die etwas Alkohol und Kohlensäure enthält und daher zum Brotbacken sehr gut geeignet ist. Dieses typische Mischbrot wird dadurch schön aromatisch und bekommt eine fluffige Krume.

Stockgare bei 26–27 °C:
5–6 Stunden
Stockgare bei RT + KS:
9 Stunden RT + 8 Stunden KS
Stückgare bei 26–27 °C:
90 Minuten
Stückgare bei RT + KS: 2 Stunden bei RT + 8 Stunden KS; oder 1 Stunde bei RT + 16 Stunden KS
Backzeit: 45–50 Minuten

Zutaten für 1 Brot, ca. 800 g

200 g Weizenmehl 550
200 g Weizenmehl 1050
100 g Roggenmehl 1150
3 g frische Biohefe
320 g Kefir
80 g Wasser
6 g Agavendicksaft
12 g Salz
15 g Olivenöl

MISCHEN Alle Zutaten mit einem Dänischen Schneebesen oder Kochlöffel so lange vermischen, bis keine Mehlnester mehr zu sehen sind. Den Teig mit nassen Händen rundum falten (am besten direkt neben dem Spülbecken bei laufendem Wasser, um die Hände immer wieder nass zu machen).

STOCKGARE Den Teig abgedeckt 10–12 Stunden bei Raumtemperatur gehen lassen. Wenn möglich nach 1–2 Stunden noch einmal mit nassen Händen rundum falten.

FORMEN Den Teig auf eine leicht bemehlte Unterlage geben und mit der Teigkarte von allen vier Seiten einmal nach innen falten. Den Teig rundwirken und 5 Minuten entspannen lassen. Den Teig nochmal straff rund- und anschließend langwirken. Mit dem Schluss nach oben in einen länglichen Gärkorb geben.

STÜCKGARE Den Teigling bei Raumtemperatur 3 Stunden abgedeckt gehen lassen.

BACKEN Den Backofen auf 250 °C Ober- und Unterhitze vorheizen. Ein Backblech oder einen Backstahl mit aufheizen. Den Teigling auf Backpapier oder Backfolie stürzen und einschneiden. Einschießen und den Backofen schwaden. Nach 10 Minuten den Dampf ablassen und den Backofen auf 200 °C runterschalten. Weitere 35–40 Minuten backen.

RUCH-JOGHI

Schweizer Ruchmehl ist bei uns mittlerweile sehr bekannt und in vielen Mühlenläden oder Online-Shops zu finden. Es ergibt mit einem Joghurtrest und etwas Orangensaft ein sehr schmackhaftes helles Brot, das gut zum Frühstück oder als Beilagenbrot passt.

Stockgare bei 26–27 °C: 3 Stunden
Stockgare bei RT + KS: 5 Stunden RT + 8 Stunden KS; oder 4 Stunden RT + 16 Stunden KS, dann keine Stückgare bei RT + KS, sondern nur bei 26–27 °C oder wie im Rezept angegeben
Stückgare bei 26–27 °C: 30 Minuten
Stückgare bei RT + KS: 10 Minuten RT + 6–8 Stunden KS; oder 30 Minuten RT + 4 Stunden KS
Backzeit: 45–50 Minuten

Zutaten für 1 Brot, ca. 900 g

- 450 g Ruchmehl, alternativ Weizenmehl 1050
- 50 g Roggenmehl 1150
- 40 g Lievito Madre aus dem KS, alternativ Anstellgut aus dem KS
- 3 g frische Biohefe
- 200 g Joghurt, 3,8%ig
- 100 g Orangensaft, frisch gepresst
- 160 g Wasser (+ 20 g Wasser für Fortgeschrittene)
- 12 g Salz
- 15 g Sonnenblumenöl

KNETEN Alle Zutaten, außer Salz und Öl, in die Schüssel der Knetmaschine geben und 2 Minuten vermischen. 30 Minuten quellen lassen. Salz zugeben und 10 Minuten auf mittlerer Stufe kneten. Nach 5 Minuten eventuell restliches Wasser (die 20 g für Fortgeschrittene) zugeben. Nach 8 Minuten Öl dazugeben und unterkneten.

STOCKGARE Den Teig in eine Schüssel geben und rundum falten und dehnen. Abgedeckt 6 Stunden bei Raumtemperatur gehen lassen. Nach 30, 60 und 90 Minuten einmal rundum falten.

FORMEN Den Teig auf eine leicht bemehlte Unterlage geben und in 3 gleich große Teiglinge abstechen. Alle Teiglinge rundwirken und mit dem Schluss nach oben in einen 3er-Gärkorb setzen. Alternativ in einen runden Gärkorb geben.

STÜCKGARE Den Teigling bei Raumtemperatur 60 Minuten abgedeckt gehen lassen.

BACKEN Den Backofen auf 250 °C Ober- und Unterhitze vorheizen. Ein Backblech oder einen Backstahl mit aufheizen. Den Teig auf Backpapier oder Backfolie stürzen und einschneiden. Einschießen und den Backofen schwaden. Nach 10 Minuten den Dampf ablassen und den Backofen auf 200 °C runterschalten. Weitere 35–40 Minuten backen.

RUSTIKALE AYRAN-WALNUSS-STANGEN

Für dieses leckere Beilagenbrot können Sie übrigen Ayran und Walnüsse verwenden. Für den etwas rustikaleren Geschmack wurde der Vorteig mit Rotkornweizen-Vollkornmehl gemacht.

Stockgare bei 26–27 °C: 2,5–3 Stunden
Stockgare bei RT + KS: 5 Stunden RT + 8 Stunden KS; oder 4 Stunden RT + 16 Stunden KS, dann keine Stückgare bei RT + KS, sondern nur bei 26–27 °C oder wie im Rezept angegeben
Stückgare bei 26–27 °C: 30–45 Minuten
Stückgare bei RT + KS: 10 Minuten RT + 7–9 Stunden KS; oder 30 Minuten RT + 6 Stunden KS
Backzeit: 20–25 Minuten

Zutaten für 3 Brotstangen

Hefevorteig
- 100 g Rotkornweizen-Vollkornmehl, alternativ Weizen-Vollkornmehl
- 3 g frische Biohefe
- 100 g Wasser

Hauptteig
- Hefevorteig
- 200 g Dinkelmehl 630
- 200 g Weizenmehl 550
- 75 g Lievito Madre aus dem KS, alternativ Anstellgut und etwas weniger Wasser
- 120 g Walnüsse
- 200 g Ayran
- 80 g Wasser (+ 30 g für Fortgeschrittene)
- 20 g Ahornsirup, alternativ anderes Süßungsmittel
- 12 g Salz
- 20 g Walnussöl, alternativ anderes Öl oder Butter

Topping
- Maisgrieß oder Rotkornweizen-Vollkornmehl

HEFEVORTEIG Alle Zutaten für den Vorteig vermischen und 4–8 Stunden bei Raumtemperatur gehen lassen.

KNETEN Alle Zutaten für den Hauptteig, außer Salz und Öl, in die Schüssel der Knetmaschine geben und 2 Minuten vermischen. 30 Minuten quellen lassen. Salz zugeben und 10 Minuten auf mittlerer Stufe kneten. Nach 5 Minuten eventuell restliches Wasser (die 30 g für Fortgeschrittene) zugeben. Nach 8 Minuten Öl dazugeben und unterkneten.

STOCKGARE Den Teig in eine Schüssel geben und rundum falten und dehnen. Abgedeckt 5–6 Stunden bei Raumtemperatur gehen lassen. Nach 30, 60 und 90 Minuten einmal rundum falten.

FORMEN Den Teig auf eine leicht bemehlte Unterlage geben und in 3 Teiglinge von je 370 g teilen. Die Teiglinge zu Zylindern formen und 10 Minuten entspannen lassen. Dann zu Baguette formen und mit dem Schluss auf Backfolie oder Backpapier legen. Mit Maisgrieß bestreuen.

STÜCKGARE Die Teiglinge bei Raumtemperatur 60–90 Minuten abgedeckt gehen lassen.

BACKEN Den Backofen auf 250 °C Ober- und Unterhitze vorheizen. Ein Backblech oder einen Backstahl mit aufheizen. Die Teiglinge einschneiden, einschießen und den Backofen schwaden. Nach 10 Minuten den Dampf ablassen, nach 15 Minuten den Backofen auf 200 °C runterschalten. Weitere 5–10 Minuten backen. Immer wieder die Tür öffnen und den Dampf ablassen.

Tipp: Probieren Sie den Teig mal mit gerösteten Haselnüssen oder verwenden Sie statt Ayran Buttermilch oder Joghurt.

MINI-HÖRNCHEN

Manchmal möchte man zum Kaffee nur eine Kleinigkeit. Da eignen sich diese kleinen Hörnchen besonders gut. Sie lassen sich prima einfrieren und schmecken aufgetaut und kurz auf dem Toaster aufgebacken wie frisch. Sie können Sie ungefüllt machen oder mit Marmelade, Schokocreme oder einer Nusscreme füllen.

Stockgare bei 26–27 °C: 3 Stunden
Stockgare bei RT + KS: 5 Stunden RT + 8 Stunden KS; oder 4 Stunden RT + 16 Stunden KS, dann keine Stückgare bei RT + KS, sondern nur bei 26–27 °C oder wie im Rezept angegeben
Stückgare bei 26–27 °C: 60 Minuten
Stückgare bei RT + KS: 60 Minuten RT + 7–9 Stunden KS oder 90 Minuten RT + 4–6 Stunden KS
Backzeit: 17–20 Minuten

Zutaten für 19–20 Stück

- 500 g Weizenmehl 550
- 100 g Lievito Madre aus dem KS, alternativ 50 g Anstellgut für Sauerteig und etwas weniger Milch
- 5 g frische Biohefe
- 175 g Milch
- 150 g saure Sahne
- 60 g Zucker
- 2 TL Vanillezucker
- 1 TL Zitronenschale
- 1 Ei, Gr. L, ca. 50–60 g
- 3 g Salz
- 50 g Butter

Topping

1 Eigelb, 2 EL Sahne

KNETEN Alle Zutaten, außer Salz und Butter, in die Schüssel der Knetmaschine geben und 2 Minuten vermischen. 30 Minuten quellen lassen. Salz zugeben und 13 Minuten auf mittlerer Stufe kneten. Nach 8 Minuten Butter in Stückchen dazugeben und unterkneten.

STOCKGARE Den Teig in eine Schüssel geben und rundum falten und dehnen. Abgedeckt 6 Stunden bei Raumtemperatur gehen lassen. Nach 30, 60 und 90 Minuten einmal rundum falten.

FORMEN Den Teig auf eine leicht bemehlte Unterlage geben und Teiglinge von je 60–65 g abstechen. Diese rundwirken und 10 Minuten entspannen lassen. Ein Backblech mit Backpapier oder Backfolie vorbereiten. Die Teiglinge länglich oval ausrollen. Eventuell Füllung in untere Mitte geben, die Seiten einklappen und von unten her zu Hörnchen aufrollen. Nicht zu weit auseinander auf das Backblech setzen.

STÜCKGARE Die Teiglinge bei Raumtemperatur 2 Stunden abgedeckt gehen lassen.

BACKEN Den Backofen auf 200 °C Ober- und Unterhitze vorheizen. Eigelb mit Sahne verquirlen. Die Teiglinge damit einpinseln. Einschießen und den Backofen schwaden. Dampf nicht ablassen. 17–20 Minuten backen.

Tipp: Füllen Sie die Hörnchen mal mit Orangenmarmelade und Schokodrops.

SCHMAND-WECKEN NO KNEAD

Diese Brötchen mit etwas Schmand im Teig sind ideal fürs Frühstück oder Pausenbrot. Sie passen zu allem, sowohl herzhaft wie auch süß.

Stockgare bei 26–27 °C: 5–6 Stunden
Stockgare bei RT + KS: 9 Stunden RT + 8 Stunden KS, dann keine Stückgare bei RT + KS, sondern nur bei 26–27 °C oder wie im Rezept angegeben
Stückgare bei 26–27 °C: 45–60 Minuten
Stückgare bei RT + KS: 40 Minuten RT + 6–8 Stunden KS; oder 20 Minuten RT + 8–10 Stunden RT
Backzeit: 18–20 Minuten

Zutaten für 9 Brötchen

300 g Weizenmehl 550
175 g Dinkelmehl 630
25 g Roggenmehl 1150
10 g Anstellgut aus dem KS, alternativ 10 g Lievito Madre aus dem KS
3 g frische Biohefe
150 g Schmand
220 g Wasser
6 g Zuckerrübensirup
12 g Salz
30 g weiche Butter

MISCHEN Alle Zutaten in die Schüssel geben und mit einem Dänischen Schneebesen oder Kochlöffel so lange vermischen, bis keine Mehlnester mehr zu sehen sind. Den Teig mit nassen Händen rundum falten (am besten direkt neben dem Spülbecken bei laufendem Wasser, um die Hände immer wieder nass zu machen).

STOCKGARE Den Teig abgedeckt 10–12 Stunden bei Raumtemperatur gehen lassen. Wenn möglich nach 1–2 Stunden noch einmal mit nassen Händen rundum falten.

FORMEN Den Teig auf eine leicht bemehlte Unterlage geben und mit der Teigkarte von allen vier Seiten einmal nach innen falten. 9 Teiglinge von jeweils 100–105 g abstechen und rundwirken. 10 Minuten entspannen lassen. Dann straff rundwirken und schleifen. Mit dem Schluss nach unten auf Backpapier oder Backfolie setzen.

STÜCKGARE Die Teiglinge bei Raumtemperatur 90–120 Minuten abgedeckt gehen lassen.

BACKEN Den Backofen auf 250 °C Ober- und Unterhitze vorheizen. Ein Backblech oder einen Backstahl mit aufheizen. Die Teiglinge einschneiden und mit dem Backpapier oder der Backfolie einschießen. Den Backofen schwaden. Nach 10 Minuten den Dampf ablassen und den Backofen auf 200 °C runterschalten. Weitere 5 Minuten backen. Dampf ablassen und den Backofen nochmal für 3–4 Minuten auf 250 °C hochheizen. Nach 1 und 2 Minuten nochmal Dampf ablassen.

BUTTER-SAATEN-AUFFRISCH-TOAST

Toast wird mit ganz viel gerösteten Saaten und einem Vollkornanteil richtig lecker. Er schmeckt auch ungetoastet sehr gut und hält durch die Saaten lange frisch. Das Rezept eignet sich gut, um größere Reste an Lievito Madre oder Sauerteig aus dem Kühlschrank aufzubrauchen. Der Teig kommt direkt nach dem Kneten in die Kastenform.

Stückgare bei RT: 3–4 Stunden
Stückgare bei 26–27 °C: 1,5–2 Stunden
Stückgare bei RT + KS: 2,5 Stunden bei RT + 8 Stunden im KS; oder 1,5 Stunden bei RT und 16 Stunden im KS
Backzeit: 50 Minuten

Zutaten für 1 Brot, Kastenform 28 × 11 cm, ca. 1200 g

- 200 g Weizen-Vollkornmehl
- 300 g Weizenmehl 550
- 120 g Lievito Madre aus dem KS, alternativ Anstellgut für Sauerteig und weniger Milch
- 3 g frische Biohefe
- 2 Eier, ca. 100 g
- 430 g Milch (+/- 20 g)
- 50 g Sonnenblumenkerne
- 25 g Sesam
- 20 g Leinsamen, geschrotet
- 40 g Haferflocken, fein
- 12 g Salz
- 50 g Butter

VORBEREITUNGEN Alle Saaten und Flocken in einer Pfanne trocken rösten, bis sie duften und etwas Farbe annehmen.

KNETEN Alle Zutaten, außer Salz und Butter, in die Schüssel der Knetmaschine geben und 2 Minuten vermischen. 30 Minuten quellen lassen. Salz zugeben und 8 Minuten auf mittlerer Stufe kneten. Nach 5 Minuten eventuell restliche Milch zugeben. Nach 8 Minuten Butter in Stückchen dazugeben und weitere 5 Minuten unterkneten. Kneten, bis der Fenstertest möglich ist.

FORMEN Den Teig auf eine leicht bemehlte Unterlage geben und in 3 Teiglinge von je 450 g teilen. Die Teiglinge rundwirken und 10 Minuten entspannen lassen. Die Teiglinge langwirken und nebeneinander in die gefettete Form setzen.

STÜCKGARE Den Teigling abgedeckt 3–4 Stunden bei Raumtemperatur gehen lassen.

BACKEN Den Backofen auf 220 °C Ober- und Unterhitze vorheizen. Ein Backblech oder einen Backstahl mit aufheizen. Die Kastenform einschießen und den Backofen schwaden. Dampf nicht ablassen. Nach 15 Minuten den Backofen auf 180 °C runterschalten. Weitere 40 Minuten backen.

SCHWEIZER KÄSESTANGEN

Für dieses Brotstangen können Sie alle Käsereste aus Ihrer Küche verwenden. Je milder der Käse ist, umso milder werden sie, je würziger er ist, umso aromatischer. Außer Käse kommen noch Pizzakräuter und viel Olivenöl in den Teig.

Stockgare bei 26–27 °C: 3–3,5 Stunden
Stockgare bei RT + KS: 5 Stunden RT + 8 Stunden KS, dann keine Stückgare bei RT + KS, sondern nur bei 26–27 °C oder wie im Rezept angegeben
Stückgare bei 26–27 °C: 30 Minuten
Stückgare bei RT + KS: 30 Minuten bei RT + 4–6 Stunden im KS; oder 10 Minuten bei RT und 8 Stunden im KS
Backzeit: 25 Minuten

Zutaten für 3 kleine Brote

500 g Ruchmehl, alternativ Weizenmehl 1050 und eventuell weniger Flüssigkeit
60 g Lievito Madre aus dem KS, alternativ Sauerteig-Anstellgut aus dem KS
3 g frische Biohefe
75 g fein geriebener Käse (bei mir Emmentaler und Gouda)
1 TL getrocknete Pizzakräuter (Thymian, Oregano, Rosmarin, Basilikum)
350 g Wasser (+ 20 g für Fortgeschrittene)
6 g Agavendicksaft
12 g Salz
40 g Olivenöl

Topping
geriebener Käse und Pizzakräuter

KNETEN Alle Zutaten, außer Salz und Öl, in die Schüssel der Knetmaschine geben und 2 Minuten vermischen. 30 Minuten quellen lassen. Salz zugeben und 10 Minuten auf mittlerer Stufe kneten. Nach 5 Minuten eventuell das restliche Wasser (die 20 g für Fortgeschrittene) zugeben. Nach 7 Minuten das Öl dazugeben und unterkneten.

STOCKGARE Den Teig in eine Schüssel geben und rundum falten und dehnen. Abgedeckt 6–7 Stunden bei Raumtemperatur gehen lassen. Nach 30, 60 und 90 Minuten einmal rundum falten.

FORMEN Den Teig auf eine leicht bemehlte Unterlage geben und in 3 Teiglinge von je 350 g abstechen. Teiglinge zu Zylindern formen und 10 Minuten entspannen lassen. Dann wie Baguette formen und noch weiter ausrollen. Beide Enden flechten. Mit dem Schluss nach unten auf Backfolie oder Backpapier legen. Mit Wasser besprühen und mit Käse und Kräutern bestreuen.

STÜCKGARE Die Teiglinge bei Raumtemperatur 60 Minuten abgedeckt gehen lassen.

BACKEN Den Backofen auf 250 °C Ober- und Unterhitze vorheizen. Ein Backblech oder einen Backstahl mit aufheizen. Die Teiglinge einschießen und den Backofen schwaden. Nach 10 Minuten den Dampf ablassen und den Backofen auf 200 °C runterschalten. Weitere 15 Minuten backen.

FLUFFIGE DINKEL-KÄSE-ECKEN NO KNEAD

Diesen Teig können Sie verwenden um übrigen Käse aufzubrauchen. Scheibenkäse schneiden Sie einfach in sehr feine Würfel, ganzer Käse wird gerieben. Für eine besonders fluffige Krume wird vorab ein Kochstück hergestellt. Das können Sie bereits am Vortag vorbereiten und kühlstellen.

Stockgare bei 26–27 °C: 5–6 Stunden
Stockgare bei RT + KS: 9 Stunden RT + 8 Stunden KS, dann keine Stückgare bei RT + KS, sondern nur bei 26–27 °C oder wie im Rezept angegeben
Stückgare bei 26–27 °C: 30–45 Minuten
Stückgare bei RT + KS: 30 Minuten RT + 4–6 Stunden KS; oder 10 Minuten RT + 8 Stunden KS
Backzeit: 18–20 Minuten

Zutaten für 10–12 Brötchen

Kochstück
50 g Dinkel-Vollkornmehl
250 g Wasser

Hauptteig
Kochstück
100 g Dinkel-Vollkornmehl
400 g Dinkelmehl 630
20 g Lievito Madre aus dem KS, alternativ 20 g Anstellgut aus dem KS
3 g frische Biohefe
250 g Ayran, alternativ Buttermilch oder Kefir
3 g Flohsamenschalen
75 g geriebener Käse, bei mir Emmentaler
25 g Wasser
6 g Zuckerrübensirup
10 g Salz
30 g weiche Butter

Topping
geriebener Käse, schwarzer Sesam

KOCHSTÜCK Mehl und Wasser mit einem Schneebesen gründlich verrühren. Unter ständigem Rühren aufkochen, bis die Masse andickt. Abkühlen lassen.

MISCHEN Das Kochstück mit dem Ayran, Lievito Madre und der Hefe in eine Schüssel geben und mit einem Schneebesen oder Pürierstab vermischen, bis es aufgelöst ist. Alle restlichen Zutaten in die Schüssel geben und mit einem Dänischen Schneebesen oder Kochlöffel so lange vermischen, bis keine Mehlnester mehr zu sehen sind. Den Teig mit nassen Händen rundum falten (am besten direkt neben dem Spülbecken bei laufendem Wasser, um die Hände immer wieder nass zu machen).

STOCKGARE Den Teig abgedeckt 10–12 Stunden bei Raumtemperatur gehen lassen. Wenn möglich nach 1–2 Stunden noch einmal mit nassen Händen rundum falten.

FORMEN Den Teig auf eine leicht bemehlte Unterlage geben und mit der Teigkarte von allen vier Seiten einmal nach innen falten. Teig halbieren und jeweils zu einem langen Teigstrang formen. Beide Teiglinge flachdrücken und mit dem Käse und Sesam bestreuen. Dreiecke abstechen und auf Backfolie oder Backpapier setzen.

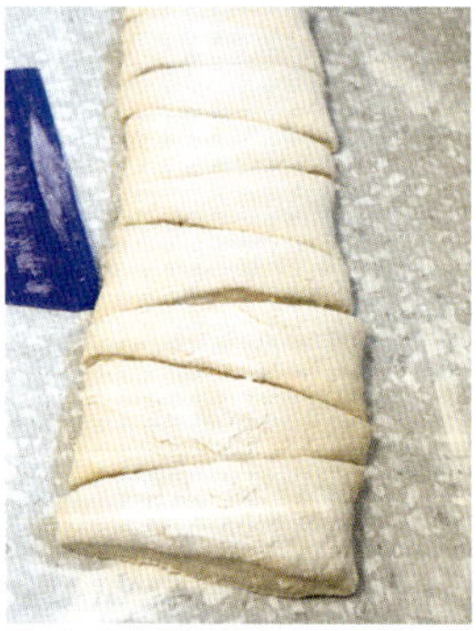

STÜCKGARE Die Teiglinge bei Raumtemperatur 60–90 Minuten abgedeckt gehen lassen.

BACKEN Den Backofen auf 250 °C Ober- und Unterhitze vorheizen. Ein Backblech oder einen Backstahl mit aufheizen. Die Teiglinge mit dem Backpapier oder der Backfolie einschießen und den Backofen schwaden. Nach 10 Minuten den Dampf ablassen und den Backofen auf 200 °C runterschalten. Weitere 5 Minuten backen. Dampf ablassen und den Backofen nochmal für 3–4 Minuten auf 250 °C hochheizen. Nach 1 und 2 Minuten nochmal Dampf ablassen.

ZITRONEN-FLUFFIS

Für diese locker-fluffigen Zitronenbrötchen können Sie übrige Zitronen-Buttermilch verwenden. Alternativ können Sie auch normale Buttermilch und zusätzlich 2 TL Zitronensaft nehmen. Probieren Sie auch mal andere fruchtige Buttermilchsorten.

Stockgare bei 26–27 °C: 3,5–4 Stunden
Stockgare bei RT + KS: 6 Stunden RT + 8–12 Stunden KS, dann keine Stückgare bei RT + KS, sondern nur bei 26–27 °C oder wie im Rezept angegeben
Stückgare bei 26–27 °C: 90 Minuten
Stückgare bei RT + KS: 120 Minuten RT + 8 Stunden KS; oder 90 Minuten RT + 12 Stunden KS
Backzeit: 17–18 Minuten

Zutaten für 12 Stück

500 g T55, alternativ Weizenmehl 550
100 g Lievito Madre aus dem KS, alternativ 50 g Anstellgut für Sauerteig aus dem KS und etwas weniger Flüssigkeit
6 g frische Biohefe
350 g Zitronen-Buttermilch
2 TL Zitronensaft
1 TL Zitronenschale
50 g Zucker
1 Ei, Gr. L, ca. 50 g
5 g Salz
50 g kalte Butter

Topping

T55 oder Weizenmehl 550 oder 1 Eigelb, 1 Prise Salz, 1 Prise Zucker, 1 EL Sahne

KNETEN Alle Zutaten, außer Salz und Butter, in die Schüssel der Knetmaschine geben und 2 Minuten vermischen. 30 Minuten quellen lassen. Salz zugeben und 20 Minuten auf mittlerer Stufe kneten. Nach 15 Minuten die Butter in Stückchen dazugeben und unterkneten.

STOCKGARE Den Teig in eine Schüssel geben und rundum falten und dehnen. Abgedeckt 7–8 Stunden bei Raumtemperatur gehen lassen. Nach 30, 60 und 90 Minuten einmal rundum falten.

FORMEN Den Teig auf eine leicht bemehlte Unterlage geben und 12 Teiglinge von 90–95 g abstechen. Alle Teiglinge rundwirken und 10 Minuten entspannen lassen. Anschließend straff rundwirken und auf Backfolie oder Backpapier setzen.

STÜCKGARE Die Teiglinge bei Raumtemperatur 3 Stunden abgedeckt gehen lassen. Eventuell zwischendurch mit Wasser einsprühen, damit die Oberfläche nicht zu sehr austrocknet.

BACKEN Den Backofen auf 200 °C Ober- und Unterhitze vorheizen. Ein Backblech oder einen Backstahl mit aufheizen. Die Teiglinge mit Wasser einsprühen, mit einem Motiv belegen und mit Mehl bestäuben. Alternativ mit dem mit Salz, Zucker und Sahne verquirlten Eigelb einpinseln. Einschießen und den Backofen schwaden. Nach 10 Minuten den Backofen auf 180 °C runterschalten, Dampf nicht ablassen. Weitere 7–8 Minuten backen.

SÜSSER BUTTERMILCH-STUTEN

Wenn Sie beim Backen oder Kochen nur Eiweiß benötigen und Eigelb übrigbleibt, können Sie dieses wunderbar in süßem Hefestuten unterbringen. Auch Buttermilchreste passen hier sehr gut.

Stockgare bei 26–27 °C: 3 Stunden
Stockgare bei RT + KS: 5 Stunden RT + 8–12 Stunden KS, dann keine Stückgare bei RT + KS, sondern nur bei 26–27 °C oder wie im Rezept angegeben
Stückgare bei 26–27 °C: 2,5 Stunden
Stückgare bei RT + KS: 4 Stunden RT + 8 Stunden KS
Backzeit: 45–50 Minuten

Zutaten für 1 Stuten, ca. 650 g, Kastenform 23 × 11 cm

Kochstück
- 30 g Weizenmehl 550
- 150 g Buttermilch, alternativ Milch (ca. 130 g)

Hauptteig
- Kochstück
- 250 g Weizenmehl 550
- 100 g Lievito Madre aus dem KS, alternativ 50 g Anstellgut für Sauerteig aus dem KS und etwas weniger Flüssigkeit im Kochstück
- 5 g frische Biohefe
- 2 Eigelb
- 75 g Zucker
- 1 TL Zitronenschale
- 1 TL Orangenschale
- ½ TL Zimt
- 4 g Salz
- 75 g kalte Butter

Topping
- Milch oder Buttermilch

KOCHSTÜCK Weizenmehl und Buttermilch gründlich verrühren und unter Rühren aufkochen, bis die Masse andickt. Abkühlen lassen.

KNETEN Alle Zutaten für den Hauptteig, außer Salz und Butter, in die Schüssel der Knetmaschine geben und 2 Minuten vermischen.
30 Minuten quellen lassen. Salz zugeben und 14 Minuten auf mittlerer Stufe kneten. Nach 8 Minuten Butter in Stückchen dazugeben und unterkneten.

STOCKGARE Den Teig in eine Schüssel geben und rundum falten und dehnen. Abgedeckt 6 Stunden bei Raumtemperatur gehen lassen. Nach 30, 60 und 90 Minuten einmal rundum falten.

FORMEN Den Teig auf eine leicht bemehlte Unterlage geben und in 8 Teiglinge von je 90–95 g abstechen. Teiglinge rundwirken und leicht versetzt in eine gefettete Kastenform legen.

STÜCKGARE 5 Stunden bei Raumtemperatur abgedeckt gehen lassen.

BACKEN Den Backofen auf 200 °C Ober- und Unterhitze vorheizen. Ein Backblech oder einen Backstahl mit aufheizen. Die Oberfläche des Teiges mit etwas Milch oder Buttermilch einpinseln. Einschießen und den Backofen schwaden. Nach 10 Minuten den Dampf ablassen und den Backofen auf 180 °C runterschalten. Weitere 35–40 Minuten backen.

SÜSSE MOHNKRINGEL

Übrig gebliebenes Eiweiß eignet sich wunderbar, um damit süße Hefeteige zu machen. Diese luftig lockeren Kringel können Sie auch mit einer Nussmasse oder Marmelade füllen.

Stockgare bei 26–27 °C: 4 Stunden
Stockgare bei RT + KS: wie im Rezept angegeben
Stückgare bei 26–27 °C: 60 Minuten
Stückgare bei RT + KS: 1 Stunde RT + 8 Stunden KS
Backzeit: 20 Minuten

Zutaten für 10 Stück

- 500 g T55, alternativ Weizenmehl 550 und eventuell weniger Flüssigkeit
- 40 g Lievito Madre aus dem KS, alternativ 40 g Anstellgut vom Sauerteig
- 5 g frische Biohefe
- 3 Eiweiß, ca. 110 g (1 Eiweiß vom Eigelb für das Topping)
- 70 g Sahne
- 145 g Milch
- 1 TL Zitronenschale
- 75 g Zucker
- ½ TL Zimt
- ½ TL Salz
- 70 g kalte Butter

Füllung

- 125 g gemahlener Mohn
- 100 g Milch
- 75 g Marzipan
- 50 g Zucker
- 1 TL Vanillezucker
- ½ TL Zimt
- 60 g weiche Butter
- 2 EL Vanillelikör, alternativ Mandellikör oder Orangensaft

Topping

1 Eigelb, 1 EL Sahne, 1 Prise Salz

KNETEN Alle Zutaten, außer Butter, in die Schüssel der Knetmaschine geben und 2 Minuten vermischen. 30 Minuten quellen lassen. 12 Minuten auf mittlerer Stufe kneten. Nach 8 Minuten Butter in Stückchen dazugeben und unterkneten.

STOCKGARE Den Teig in eine Schüssel geben und rundum falten und dehnen. Abgedeckt 4 Stunden bei Raumtemperatur gehen lassen. Nach 30, 60 und 90 Minuten einmal rundum falten.
Anschließend 16–20 Stunden kühlstellen.

FÜLLUNG Die Milch aufkochen und über den Mohn gießen. Umrühren und 30 Minuten quellen lassen. Marzipan im Mixer fein raspeln oder auf einer Reibe fein reiben. Mit der weichen Butter und allen anderen Zutaten zum Mohn geben und gründlich vermischen.

FORMEN Den Teig auf eine leicht bemehlte Unterlage geben und in 10 Teiglinge von jeweils 95–100 g abstechen. Alle Teiglinge rundwirken und anschließend länglich oval ausrollen. Auf die Teigmitte längs einen guten EL der Füllung verteilen. Von der langen Seite her eng aufrollen, Falz schließen, noch etwas länger rollen und zu einer Schnecke formen. Das Teigende etwas unter den Teigling drücken. Auf Backfolie oder Backpapier legen.

STÜCKGARE Die Teiglinge bei Raumtemperatur 2 Stunden abgedeckt gehen lassen. Eigelb, Sahne und Salz mischen und die Oberfläche kurz vor dem Backen damit einpinseln.

BACKEN Den Backofen auf 200 °C Ober- und Unterhitze vorheizen. Ein Backblech oder einen Backstahl mit aufheizen. Die Teiglinge einschießen und den Backofen schwaden. Nach 10 Minuten den Dampf ablassen und den Backofen auf 175 °C runterschalten. Weitere 10 Minuten backen.

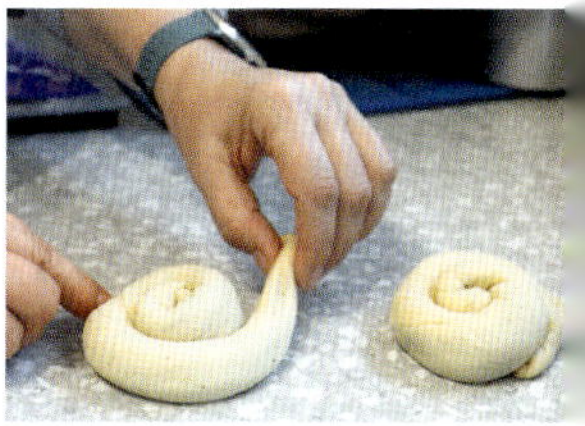

REZEPTE MIT SÄFTEN, BIER, KAFFEE UND TEE

FRANZÖSISCHES APFELBROT

Cidre bringt als Schüttflüssigkeit einen ganz wunderbaren Geschmack in dieses französisch angehauchte Brot. Sie können alternativ auch Apfelsaft verwenden. Und keine Sorge – das Brot wird nicht wirklich süß und passt zu allem. Wenn Sie deutsche Mehle verwenden, bitte die Flüssigkeit reduzieren.

Stockgare bei 26–27 °C: 3,5 Stunden
Stockgare bei RT + KS: 5 Stunden bei RT + 16 Stunden KS; oder 6 Stunden RT + 8 Stunden KS
Stückgare bei 26–27 °C: 25–30 Minuten
Stückgare bei RT + KS: 10 Minuten bei RT + 4–6 Stunden KS
Backzeit: 45–50 Minuten

Zutaten für 1 Brot, ca. 800 g

- 300 g T65, alternativ Weizenmehl 550 und eventuell weniger Flüssigkeit
- 200 g T80, alternativ Weizenmehl 1050 oder 812
- 3 g frische Biohefe
- 250 g Cidre, alternativ Apfelsaft
- 140 g Wasser (+ 20 g für Fortgeschrittene)
- 12 g Salz

KNETEN Alle Zutaten, außer Salz, in die Schüssel der Knetmaschine geben und 2 Minuten vermischen. 30 Minuten quellen lassen. Salz zugeben und 10 Minuten auf mittlerer Stufe kneten. Nach 5 Minuten eventuell restliches Wasser (die 20 g für Fortgeschrittene) zugeben.

STOCKGARE Den Teig in eine Schüssel geben und rundum falten und dehnen. Abgedeckt 7 Stunden bei Raumtemperatur gehen lassen. Nach 30, 60 und 90 Minuten einmal rundum falten.

FORMEN Den Teig auf eine leicht bemehlte Unterlage geben, in 2 Teiglinge teilen und beide rundwirken. Anschließend beide Teiglinge langwirken und nebeneinander mit dem Schluss nach oben in einen länglichen Gärkorb geben.

STÜCKGARE Die Teiglinge bei Raumtemperatur 45–60 Minuten abgedeckt gehen lassen.

BACKEN Den Backofen auf 250 °C Ober- und Unterhitze vorheizen. Ein Backblech oder einen Backstahl mit aufheizen. Den Teigling vorsichtig auf Backfolie oder Backpapier geben, einschneiden und einschießen. Backofen schwaden. Nach 10 Minuten den Dampf ablassen und den Backofen auf 200 °C runterschalten. Weitere 35–40 Minuten backen.

FRANZÖSISCHES ORANGENWÖLKCHEN

Diese Brioche wird mit italienischem Mehl, Orangensaft, Orangenschale und Orangeat, den man oft noch von der Weihnachtsbäckerei übrig hat, gemacht.

Stockgare bei 26–27 °C: 4–4,5 Stunden
Stockgare bei RT + KS: 7,5 Stunden RT + 8–12 Stunden KS, dann keine Stückgare bei RT + KS, sondern nur bei 26–27 °C oder wie im Rezept angegeben
Stückgare bei 26–27 °C: 1,5–2 Stunden
Stückgare bei RT + KS: 2,5 Stunden RT + 8 Stunden KS; oder 1,5 Stunden RT + 12–16 Stunden KS
Backzeit: 45–50 Minuten

Zutaten für 2 Brioche im Kasten, 23 × 11 cm, je ca. 600 g

Kochstück

- 30 g T55, alternativ Tipo 0 oder Weizenmehl 550
- 150 g Orangensaft

Hauptteig

- Kochstück
- 470 g T55, alternativ Tipo 0 oder Weizenmehl 550 und weniger Flüssigkeit
- 100 g Lievito Madre aus dem KS
- 6 g frische Biohefe
- 3 Eier, Gr. L, ca. 160 g
- 1 Eiweiß (Eigelb zum Einpinseln)
- 120 g Orangensaft
- 75 g Zucker
- 2 TL Vanillezucker
- 1 TL Zitronenschale
- 2 TL Orangenschale
- 1 TL Kardamom
- 130 g Orangeat
- 4 g Salz
- 80 g kalte Butter

Zum Einpinseln

1 Eigelb, 2 EL Sahne, 1 Prise Salz, 1 Prise Zucker

KOCHSTÜCK Mehl mit dem Orangensaft vermischen und aufkochen. Dabei ständig rühren, bis es andickt. Abkühlen lassen.

KNETEN Alle Zutaten für den Hauptteig, außer Salz und Butter, in die Schüssel der Knetmaschine geben und 2 Minuten vermischen.
30 Minuten quellen lassen. Salz zugeben und 16 Minuten auf mittlerer Stufe kneten. Nach 10 Minuten Butter in Stückchen dazugeben und unterkneten.

STOCKGARE Den Teig in eine Schüssel geben und rundum falten und dehnen. Abgedeckt 8–9 Stunden bei Raumtemperatur gehen lassen. Nach 30, 60 und 90 Minuten einmal rundum falten.

FORMEN Den Teig auf eine leicht bemehlte Unterlage geben. Für zwei große Kastenformen den Teig in 6 gleichgroße Teiglinge von je 225 g teilen und langwirken. Alle Teiglinge zu langen Rollen ausrollen und jeweils 3 davon zu einem Zopf flechten. Mit dem Schluss nach unten in die Kastenformen setzen. Für große Briocheformen jeweils 4 × 325–330 g abwiegen. Von jedem Stück 25–30 g abstechen und alle Teiglinge rundwirken. Jeweils einen großen Teigling in die Briocheform setzen und den kleinen Teigling oben in die Mitte setzen.

STÜCKGARE 3–4 Stunden abgedeckt bei Raumtemperatur gehen lassen.

BACKEN Den Backofen auf 200 °C Ober- und Unterhitze vorheizen. Ein Backblech oder einen Backstahl mit aufheizen. Eigelb mit Sahne, Salz und Zucker vermischen und die Oberfläche der Teiglinge damit einpinseln. Einschießen und den Backofen schwaden. Nach 10 Minuten den Dampf ablassen und den Backofen auf 180 °C runterschalten. Weitere 35–40 Minuten backen. Eventuell abdecken, wenn die Oberfläche zu dunkel wird. Kastenformen 15–20 Minuten ruhen lassen und dann erst stürzen.

48ER KAFFEE-BRÖTCHEN MIT ECLATS

Kalte Kaffeereste ergeben in Brot- und Brötchenteigen zusammen mit Milchprodukten einen tollen Geschmack. Der Geheimtipp sind aber hier die Eclats. Dabei handelt es sich um geröstete Weizenkeime, die als Topping für Brötchen unschlagbar sind und auch in Teigen verwendet werden können. Der Teig sollte mindestens 24 Stunden im Kühlschrank bleiben.

Stockgare bei 26–27 °C: 6–8 Stunden
Stockgare bei RT + KS: wie im Rezept angegeben
Stückgare bei 26–27 °C: 20–30 Minuten
Stückgare bei RT + KS: 10 Minuten RT + 6–8 Stunden KS
Backzeit: 18–19 Minuten

Zutaten für 10–12 Brötchen

350 g Weizenmehl 550
150 g Dinkelmehl 630
3 g frische Biohefe
330 g kalter Kaffee
50 g Frischkäse
6 g Zuckerrübensirup
12 g Salz
25 g kalte Butter

Topping

Eclats, alternativ Saaten nach Wahl

Tipp: Stellen Sie gleich eine größere Menge vom Teig her und entnehmen Sie jeden Tag eine kleine Teigmenge für frische Brötchen.

KNETEN Alle Zutaten, außer Salz und Butter, in die Schüssel der Knetmaschine geben und 2 Minuten vermischen. 30 Minuten quellen lassen. Salz zugeben und 10 Minuten auf mittlerer Stufe kneten. Nach 8 Minuten Butter in Stückchen dazugeben und unterkneten.

STOCKGARE Den Teig in eine Schüssel geben und rundum falten und dehnen. Abgedeckt 4 Stunden bei Raumtemperatur gehen lassen. Nach 30, 60 und 90 Minuten einmal rundum falten.
Anschließend 24–48 Stunden oder bis zu 7 Tage in den Kühlschrank stellen.

FORMEN Den Teig direkt aus dem Kühlschrank auf eine leicht bemehlte Arbeitsfläche geben und zu einem Rechteck formen und ziehen, ohne die Luft rauszudrücken. Die Oberfläche mit Wasser einsprühen und dicht mit Eclats bestreuen. Mit einer Teigkarte viereckige Teiglinge abstechen und auf Backpapier oder Backfolie setzen.

STÜCKGARE Die Teiglinge bei Raumtemperatur 40–60 Minuten abgedeckt gehen lassen.

BACKEN Den Backofen auf 250 °C Ober- und Unterhitze vorheizen. Ein Backblech oder einen Backstahl mit aufheizen. Die Teiglinge mit dem Backpapier oder der Backfolie einschießen und den Backofen schwaden. Nach 10 Minuten den Dampf ablassen und den Backofen auf 200 °C runterschalten. Weitere 5 Minuten backen. Dampf ablassen und den Backofen nochmal für 3–4 Minuten auf 250 °C hochheizen. Nach 1 und 2 Minuten nochmal Dampf ablassen.

VOLLKORN-BIERKASTEN

Sie können alle Arten von Bierresten oder auch Biermischgetränken für dieses reine Vollkornbrot verwenden. Das Bier darf ruhig abgestanden sein. Wenn Kinder mitessen, sollten Sie alkoholfreies Bier nehmen. Der Teig kommt direkt nach dem Kneten in die Kastenform – die Stockgare entfällt also.

Stückgare bei 26–27 °C: 2 Stunden
Stückgare bei RT + KS: 3 Stunden RT + 8 Stunden KS
Backzeit: 50–55 Minuten

Zutaten für 1 Brot, Kastenform 23 × 11 cm, ca. 1150 g

- 450 g Weizen-Vollkornmehl
- 150 g Roggen-Vollkornmehl
- 80 g Anstellgut aus dem KS, alternativ Lievito Madre und etwas mehr Flüssigkeit
- 5 g frische Biohefe
- 6 g Flohsamenschalen
- 320 g Bier
- 140 g Wasser (+ 20 g für Fortgeschrittene)
- 125 g Quark, 40%ig, alternativ Schmand oder Joghurt
- 7 g Zuckerrübensirup
- 12 g Salz

KNETEN Alle Zutaten, außer Salz, in die Schüssel der Knetmaschine geben und 2 Minuten vermischen. 30 Minuten quellen lassen. Salz zugeben und 10 Minuten auf mittlerer Stufe kneten. Nach 5 Minuten eventuell restliches Wasser zugeben (die 20 g für Fortgeschrittene).

FORMEN Den Teig auf eine leicht bemehlte Unterlage geben und rundwirken. Anschließend langwirken und mit dem Schluss nach unten in eine Kastenform geben. Wenn der Teig Ihnen zu weich zum Formen ist, können Sie ihn direkt in die Kastenform geben.

STÜCKGARE Den Teigling bei Raumtemperatur 4 Stunden abgedeckt gehen lassen.

BACKEN Den Backofen auf 250 °C Ober- und Unterhitze vorheizen. Ein Backblech oder einen Backstahl mit aufheizen. Einschießen und den Backofen schwaden. Nach 10 Minuten den Dampf ablassen und den Backofen auf 200 °C runterschalten. Weitere 40–45 Minuten backen. Eventuell das Brot 10 Minuten vor Backende aus der Form nehmen und ohne Form fertigbacken.

FRIESEN-BRÖTCHEN

Die Kombination von schwarzem Tee und Buttermilch und eine lange kühle Gare machen den Teig für diese Brötchen schön aromatisch. Sie werden nicht geformt, sondern einfach abgestochen. Dadurch werden die Brötchen schön luftig.

Stockgare bei 26–27 °C: 3,5–4 Stunden
Stockgare bei RT + KS: wie im Rezept angegeben
Stückgare bei 26–27 °C: 30 Minuten
Stückgare bei RT + KS: 10 Minuten RT + 8 Stunden KS
Backzeit: 18–19 Minuten

Zutaten für 10–12 Brötchen

500 g Weizenmehl 550
5 g frische Biohefe
190 g kalter schwarzer Tee
160 g Buttermilch (+ 20 g für Fortgeschrittene)
10 g Zuckerrübensirup
12 g Salz
30 g kalte Butter

Topping

Maisgrieß oder Vollkornmehl

KNETEN Alle Zutaten, außer Salz und Butter, in die Schüssel der Knetmaschine geben und 2 Minuten vermischen. 30 Minuten quellen lassen. Salz zugeben und 10 Minuten auf mittlerer Stufe kneten. Nach 5 Minuten eventuell restliche Buttermilch (die 20 g für Fortgeschrittene) zugeben. Nach 8 Minuten Butter in Stückchen dazugeben und unterkneten.

STOCKGARE Den Teig in eine Schüssel geben und rundum falten und dehnen. Abgedeckt 4 Stunden bei Raumtemperatur gehen lassen. Nach 30, 60 und 90 Minuten einmal rundum falten.
Anschließend 24–48 Stunden kühlstellen. Der Teig kann auch einige Tage länger im Kühlschrank bleiben.

FORMEN Den Teig auf eine leicht bemehlte Unterlage geben. Die Oberfläche bemehlen und vorsichtig zu einem Rechteck formen und ziehen, ohne die Luft rauszudrücken. Mit einer Teigkarte 10–12 viereckige Teiglinge abstechen. Auf Backfolie oder Backpapier setzen.

STÜCKGARE Die Teiglinge bei Raumtemperatur 60 Minuten abgedeckt gehen lassen.

BACKEN Den Backofen auf 250 °C Ober- und Unterhitze vorheizen. Ein Backblech oder einen Backstahl mit aufheizen. Die Teiglinge mit dem Backpapier oder der Backfolie einschießen und den Backofen schwaden. Nach 10 Minuten den Dampf ablassen und den Backofen auf 200 °C runterschalten. Weitere 5 Minuten backen. Dampf ablassen und den Backofen nochmal für 3–4 Minuten auf 250 °C hochheizen. Nach 1 und 2 Minuten nochmal Dampf ablassen.

CAPPUCCHINO-KRÜSTCHEN

Für dieses Brot benötigen Sie (trotz des Namens) keine Reste von Cappucchino – es reichen Kaffeereste, und Milch und Kakao hat man ja eigentlich immer im Haus. Durch Kaffee bekommen Brote einen ganz wunderbaren Geschmack. Sie können Wasser immer durch Kaffeereste ersetzen. Wenn Kinder mitessen, sollte der Kaffee koffeinfrei sein.

Stockgare bei 26–27 °C: 2,5–3 Stunden
Stockgare bei RT + KS: wird nicht empfohlen
Stückgare bei 26–27 °C: 25–30 Minuten
Stückgare bei RT + KS: wird nicht empfohlen
Backzeit: 45–50 Minuten

Zutaten für 1 Brot, ca. 900 g

- 200 g Weizen-Vollkornmehl
- 150 g Semola Rimacinata
- 100 g T55, alternativ Weizenmehl 550
- 50 g Champagnerroggenmehl 1000, alternativ Roggenmehl 1150
- 60 g Anstellgut aus dem KS
- 3 g frische Biohefe
- 330 g kalter Kaffee
- 70 g Milch (+ 20 g für Fortgeschrittene)
- 13 g Backkakao
- 7 g Agavendicksaft
- 12 g Salz

KNETEN Alle Zutaten, außer Salz, in die Schüssel der Knetmaschine geben und 2 Minuten vermischen. 30 Minuten quellen lassen. Salz zugeben und 10 Minuten auf mittlerer Stufe kneten. Nach 5 Minuten eventuell restliche Milch (die 20 g für Fortgeschrittene) zugeben.

STOCKGARE Den Teig in eine Schüssel geben und rundum falten und dehnen. Abgedeckt 5–6 Stunden bei Raumtemperatur gehen lassen. Nach 30, 60 und 90 Minuten einmal rundum falten.

FORMEN Den Teig auf eine leicht bemehlte Unterlage geben und rundwirken. Mit dem Schluss nach oben in einen runden Gärkorb geben.

STÜCKGARE Den Teigling bei Raumtemperatur 45–60 Minuten abgedeckt gehen lassen.

BACKEN Den Backofen auf 250 °C Ober- und Unterhitze vorheizen. Ein Backblech oder einen Backstahl mit aufheizen. Den Teigling auf Backpapier oder Backfolie stürzen und einschneiden. Einschießen und den Backofen schwaden. Nach 10 Minuten den Dampf ablassen und den Backofen auf 200 °C runterschalten. Weitere 35–40 Minuten backen.

GOLDSTÜCK

Reste von Karottensaft machen einen Brotteig nicht nur aromatisch, sie geben ihm auch eine tolle Farbe. Diese wird in diesem Brot noch durch Kurkuma und Gelbweizenmehl verstärkt. Noch mehr Geschmack kommt in dieses reine Vollkornbrot durch den gerösteten Sesam.

Stockgare bei 26–27 °C: 2 Stunden
Stockgare bei RT + KS: 3 Stunden RT + 8 Stunden KS, dann keine Stückgare bei RT + KS, sondern nur bei 26–27 °C oder wie im Rezept angegeben
Stückgare bei 26–27 °C: 25–30 Minuten
Stückgare bei RT + KS: 10 Minuten RT + 4–6 Stunden KS
Backzeit: 45–50 Minuten

Zutaten für 1 Brot, ca. 950 g

- 350 g Gelbweizen-Vollkornmehl, alternativ Weizen-Vollkornmehl
- 150 g Dinkel-Vollkornmehl
- 75 g Lievito Madre aus dem KS, alternativ Anstellgut für Sauerteig und etwas weniger Wasser
- 5 g frische Biohefe
- 50 g Sesam
- 2 g Kurkuma
- 300 g Karottensaft
- 150 g Wasser (+ 20 g für Fortgeschrittene)
- 12 g Salz
- 10 g Rapsöl

VORBEREITUNGEN Den Sesam in einer Pfanne trocken rösten, bis er Farbe annimmt und zu duften beginnt. Abkühlen lassen.

KNETEN Alle Zutaten, außer Salz und Öl, in die Schüssel der Knetmaschine geben und 2 Minuten vermischen. 30 Minuten quellen lassen. Salz zugeben und 10 Minuten auf mittlerer Stufe kneten. Nach 5 Minuten eventuell restliches Wasser (die 20 g für Fortgeschrittene) zugeben. Nach 8 Minuten Öl dazugeben und unterkneten.

STOCKGARE Den Teig in eine Schüssel geben und rundum falten und dehnen. Abgedeckt 4 Stunden bei Raumtemperatur gehen lassen. Nach 30, 60 und 90 Minuten einmal rundum falten.

FORMEN Den Teig auf eine leicht bemehlte Unterlage geben und rundwirken. Mit dem Schluss nach unten in einen runden Gärkorb geben.

STÜCKGARE Den Teigling bei Raumtemperatur 45–60 Minuten abgedeckt gehen lassen.

BACKEN Den Backofen auf 250 °C Ober- und Unterhitze vorheizen. Ein Backblech oder einen Backstahl mit aufheizen. Den Teigling auf Backpapier oder Backfolie stürzen, nicht einschneiden. Einschießen und den Backofen schwaden. Nach 10 Minuten den Dampf ablassen und den Backofen auf 200 °C runterschalten. Weitere 35–40 Minuten backen.

SPEEDY RADLER

Dieses Bierbrot ist super geeignet, wenn es mal etwas schneller gehen muss. Probieren Sie ruhig auch mal Brote mit anderen Bier-Mischgetränken aus und experimentieren Sie, welches Ihnen am besten schmeckt. Sie können auch normales Bier verwenden.

Stockgare bei 26–27 °C: 75 Minuten
Stockgare bei RT + KS: 1,5 Stunden RT + 8 Stunden KS, dann keine Stückgare bei RT + KS, sondern nur bei 26–27 °C oder wie im Rezept angegeben
Stückgare bei 26–27 °C: 30 Minuten
Stückgare bei RT + KS: 10 Minuten RT + 6–8 Stunden KS
Backzeit: 45–50 Minuten

Zutaten für 1 Brot, ca. 950 g

- 400 g Weizenmehl 550
- 100 g Roggenmehl 1370
- 70 g Lievito Madre aus dem KS
- 8 g frische Biohefe
- 250 g Radler (Mischgetränk aus Bier und Limo)
- 170 g Wasser (+ 20 g für Fortgeschrittene)
- 25 g Altbrot, geröstet und gemahlen
- 25 g Leinsamen, geschrotet
- 12 g Salz

KNETEN Alle Zutaten, außer Salz, in die Schüssel der Knetmaschine geben und 2 Minuten vermischen. 30 Minuten quellen lassen. Salz zugeben und 10 Minuten auf mittlerer Stufe kneten. Nach 5 Minuten eventuell restliches Wasser (die 20 g für Fortgeschrittene) zugeben.

STOCKGARE Den Teig in eine Schüssel geben und rundum falten und dehnen. Abgedeckt 2,5 Stunden bei Raumtemperatur gehen lassen. Nach 30, 60 und 90 Minuten einmal rundum falten.

FORMEN Den Teig auf eine leicht bemehlte Unterlage geben und rundwirken. Mit dem Schluss nach unten in einen runden Gärkorb geben.

STÜCKGARE Den Teigling bei Raumtemperatur 60 Minuten abgedeckt gehen lassen.

BACKEN Den Backofen auf 250 °C Ober- und Unterhitze vorheizen. Ein Backblech oder einen Backstahl mit aufheizen. Den Teigling auf Backpapier oder Backfolie stürzen, nicht einschneiden. Einschießen und den Backofen schwaden. Nach 10 Minuten den Dampf ablassen und den Backofen auf 200 °C runterschalten. Weitere 35–40 Minuten backen.

SCHNELLES BRÜHMISCH

Bei diesem schnellen Brot können Sie Reste von Gemüsefond oder Gemüsebrühe verarbeiten. Das Salz muss dann reduziert werden. Für noch mehr Geschmack kommen geröstete Saaten und Flocken dazu. Ein wunderbar würziges Brot, das zu allem passt.

Stockgare bei 26–27 °C: 70–90 Minuten
Stockgare bei RT + KS: 1,5 Stunden RT + 8 Stunden KS
Stückgare bei 26–27 °C: 30 Minuten
Stückgare bei RT + KS: 10 Minuten RT + 6–8 Stunden KS; oder ohne RT 8–10 Stunden KS
Backzeit: 50–55 Minuten

Zutaten für 1 Brot, ca. 1000 g

- 200 g Weizenmehl 1050
- 200 g Dinkelmehl 630
- 100 g Waldstaudenroggen-Vollkornmehl, alternativ Roggen-Vollkornmehl
- 10 g frische Biohefe
- 280 g Gemüsebrühe oder Gemüsefond
- 180 g Wasser (+ 30 g für Fortgeschrittene)
- 50 g Sonnenblumenkerne
- 25 g brauner Sesam
- 25 g schwarzer Sesam
- 50 g Haferflocken
- 6 g Zuckerrübensirup
- 6 g Salz
- 15 g Sonnenblumenöl

VORBEREITUNGEN Die Saaten und Flocken in einer Pfanne trocken rösten, bis sie duften und Farbe annehmen. Abkühlen lassen.

KNETEN Alle Zutaten, außer Salz und Öl, in die Schüssel der Knetmaschine geben und 2 Minuten vermischen. 30 Minuten quellen lassen. Salz zugeben und 10 Minuten auf mittlerer Stufe kneten. Nach 5 Minuten eventuell restliches Wasser (die 30 g für Fortgeschrittene) zugeben. Nach 8 Minuten Sonnenblumenöl dazugeben und unterkneten.

STOCKGARE Den Teig in eine Schüssel geben und rundum falten und dehnen. Abgedeckt 2,5–3 Stunden bei Raumtemperatur gehen lassen. Nach 30, 60 und 90 Minuten einmal rundum falten.

FORMEN Den Teig auf eine leicht bemehlte Unterlage geben und rundwirken. Anschließend langwirken und mit dem Schluss nach unten in einen länglichen Gärkorb geben.

STÜCKGARE Den Teigling 60 Minuten bei Raumtemperatur abgedeckt gehen lassen.

BACKEN Den Backofen auf 250 °C Ober- und Unterhitze vorheizen. Ein Backblech oder einen Backstahl mit aufheizen. Den Teigling auf Backpapier oder Backfolie stürzen, nicht einschneiden. Einschießen und den Backofen schwaden. Nach 10 Minuten den Dampf ablassen und den Backofen auf 200 °C runterschalten. Weitere 40–45 Minuten backen.

REZEPTE MIT KARTOFFELN UND REIS

SCHNELLES MALZ-REIS-MISCHA

Für dieses schnelle Brot, das 4 Stunden nach dem Kneten fertig gebacken ist, wurden etwas abgestandenes Malzbier und Reisreste vom Vortag verwendet. Ein wunderbar fluffiges und aromatisches Kastenbrot, das zu allem passt. Der Teig kommt direkt nach dem Kneten ohne Stockgare in den Kasten.

Stückgare bei 26–27 °C: 60 Minuten
Stückgare bei RT + KS: 30 Minuten RT + 12 Stunden KS oder 1 Stunde RT + 8 Stunden KS
Backzeit: 45–50 Minuten

Zutaten für 1 Brot, ca. 1100 g, Kastenform 23 × 11 cm

- 400 g Weizenmehl 1050
- 200 g Roggenmehl 1370
- 90 g Anstellgut aus dem KS, alternativ Lievito Madre und 10–15 g mehr Wasser
- 3 g frische Biohefe
- 120 g gekochter Reis vom Vortag
- 290 g Malzbier
- 150 g Wasser (+/- 20 g Wasser, je nachdem wie feucht der Reis ist)
- 12 g Salz

VORBEREITUNGEN Reis mit dem Malzbier fein pürieren.

KNETEN Alle Zutaten, außer Salz, in die Schüssel der Knetmaschine geben und 2 Minuten vermischen. 30 Minuten quellen lassen. Salz zugeben und 10 Minuten auf mittlerer Stufe kneten. Nach 5 Minuten eventuell restliches Wasser zugeben.

FORMEN Den Teig auf eine leicht bemehlte Unterlage geben und rundwirken. Anschließend langwirken und mit dem Schluss nach unten in eine gefettete Kastenform geben.

STÜCKGARE Den Teigling bei Raumtemperatur 2 Stunden abgedeckt gehen lassen.

BACKEN Den Backofen auf 250 °C Ober- und Unterhitze vorheizen. Ein Backblech oder einen Backstahl mit aufheizen. Die Kastenform einschießen und den Backofen schwaden. Nach 10 Minuten den Dampf ablassen und den Backofen auf 200 °C runterschalten. Weitere 35–40 Minuten backen.

KARTOFFEL-KHORA NO KNEAD

Kartoffeln und ein Altbrotanteil bringen Feuchtigkeit und Aroma in den Brotteig und bewirken eine bessere Frischhaltung. Der Teig besteht zu 60 % aus Khorasan-Vollkornmehl, einer sehr schmackhaften Urgetreidesorte. Bei Kartoffelbroten müssen Sie immer etwas mit der Flüssigkeitsmenge aufpassen. Je nach Kartoffelsorte benötigen Sie mehr oder weniger Wasser.

Stockgare bei 26–27 °C: 5–6 Stunden
Stockgare bei RT + KS: 9 Stunden RT + 8 Stunden KS, dann keine Stückgare bei RT + KS, sondern nur bei 26–27 °C oder wie im Rezept angegeben
Stückgare bei 26–27 °C: 45 Minuten
Stückgare bei RT + KS: 30 Minuten bei RT + 8 Stunden KS
Backzeit: 45–50 Minuten

Zutaten für 1 Brot, ca. 950 g

- 300 g Khorasan-Volllkornmehl, alternativ Weizen-Vollkornmehl
- 150 g Dinkelmehl 630
- 30 g Anstellgut aus dem KS, alternativ Lievito Madre
- 3 g frische Biohefe
- 75 g Sonnenblumenkerne
- 130 g gekochte Kartoffeln vom Vortag
- 300 g Wasser (+/- 30–70 g Wasser, je nach Kartoffelsorte)
- 30 g Altbrot, geröstet und gemahlen
- 6 g Zuckerrübensirup
- 12 g Salz

VORBEREITUNGEN Sonnenblumenkerne in einer Pfanne trocken rösten. Abkühlen lassen. Die Kartoffeln mit 300 g Wasser pürieren.

MISCHEN Alle Zutaten, außer 35 g Wasser, in die Schüssel geben und mit einem Dänischen Schneebesen oder Kochlöffel so lange unterrühren, bis keine Mehlnester mehr zu sehen sind. Falls der Teig nach dem Vermischen noch sehr fest wirkt, das restliche Wasser schluckweise unterrühren. Den Teig mit nassen Händen rundum falten (am besten direkt neben dem Spülbecken bei laufendem Wasser, um die Hände immer wieder nass zu machen).

STOCKGARE Den Teig abgedeckt 10–12 Stunden bei Raumtemperatur gehen lassen. Wenn möglich nach 1–2 Stunden noch einmal mit nassen Händen rundum falten.

FORMEN Den Teig auf eine leicht bemehlte Unterlage geben und mit der Teigkarte von allen vier Seiten einmal nach innen falten. Den Teig straff rundwirken und mit dem Schluss nach oben in einen bemehlten runden Gärkorb geben.

STÜCKGARE Den Teigling bei Raumtemperatur 90 Minuten abgedeckt gehen lassen.

BACKEN Den Backofen auf 250 °C Ober- und Unterhitze vorheizen. Ein Backblech oder einen Backstahl mit aufheizen. Den Teigling auf Backpapier oder Backfolie stürzen und einschneiden. Einschießen und den Backofen schwaden. Nach 10 Minuten den Dampf ablassen und den Backofen auf 200 °C runterschalten. Weitere 40-45 Minuten backen.

55ER KARTOFFELSTANGEN

Für diese Kartoffelstangen wurde ein kleiner Rest Bratkartoffeln verwendet. Sie können die Menge hier bis auf 200 g erhöhen und die Flüssigkeitsmenge entsprechend anpassen. Dieses Stangenbrot passt sehr gut zu Gegrilltem, Salaten, Suppen oder Buffets. Der Name leitet sich vom T55-Weizenmehl ab.

Stockgare bei 26–27 °C: 3–4 Stunden
Stockgare bei RT + KS: wie im Rezept angegeben
Stückgare bei 26–27 °C: 30–45 Minuten
Stückgare bei RT + KS: 30 Minuten RT + 6–8 Stunden KS
Backzeit: 20–25 Minuten

Zutaten für 3 Brotstangen

- 400 g T55, alternativ Weizenmehl 550 und weniger Wasser
- 100 g T80, alternativ Weizenmehl 1050
- 5 g frische Biohefe
- 150 g Bratkartoffeln
- 350 g Wasser (+ 20–30 g für Fortgeschrittene)
- 30 g Altbrot, geröstet und gemahlen
- 6 g Zuckerrübensirup
- 12 g Salz

Topping

Maisgrieß oder Weizenmehl

VORBEREITUNGEN Die Bratkartoffeln mit 350 g Wasser pürieren.

KNETEN Alle Zutaten, außer Salz, in die Schüssel der Knetmaschine geben und 2 Minuten vermischen. 30 Minuten quellen lassen. Salz zugeben und 10 Minuten auf mittlerer Stufe kneten. Nach 5 Minuten eventuell restliches Wasser (die 20–30 g für Fortgeschrittene) zugeben.

STOCKGARE Den Teig in eine Schüssel geben und rundum falten und dehnen. Abgedeckt 4 Stunden bei Raumtemperatur gehen lassen. Nach 30, 60 und 90 Minuten einmal rundum falten. Anschließend 14–16 Stunden kühlstellen.

FORMEN Den Teig direkt aus dem Kühlschrank auf eine leicht bemehlte Unterlage geben und in 3 Teiglinge von je ca. 350 g teilen. Die Teiglinge zu Zylindern formen und 10 Minuten entspannen lassen. Dann wie Baguette formen und mit dem Schluss nach unten auf Backfolie oder Backpapier legen. Mit Maisgrieß bestreuen.

STÜCKGARE Die Teiglinge bei Raumtemperatur 60–90 Minuten abgedeckt gehen lassen.

BACKEN Den Backofen auf 250 °C Ober- und Unterhitze vorheizen. Ein Backblech oder einen Backstahl mit aufheizen. Die Teiglinge einschneiden, mit Backfolie oder Backpapier einschießen und den Backofen schwaden. Nach 10 Minuten den Dampf ablassen, nach 15 Minuten den Backofen auf 200 °C runterschalten. Weitere 5–10 Minuten backen. Immer wieder die Tür öffnen und den Dampf ablassen.

RISOTTO-WURZELN NO KNEAD

Reste von Risotto passen wunderbar in Brotteige. Sie können wie ich ein einfaches Käse-Risotto verwenden, jedes andere Risotto passt aber auch. Je nachdem, wie cremig Ihr Risotto ist, müssen Sie mehr oder weniger Flüssigkeit nehmen. Die Wurzeln werden schön würzig und passen daher sehr gut zu Gegrilltem oder Salat.

Stockgare bei 26–27 °C: 5–6 Stunden
Stockgare bei RT + KS: 9 Stunden RT + 8 Stunden KS; oder 8 Stunden RT + 16 Stunden KS
Stückgare bei 26–27 °C: 45 Minuten
Stückgare bei RT + KS: 30 Minuten bei RT + 8 Stunden KS
Backzeit: 20–21 Minuten

Zutaten für 3 Wurzeln

250 g Weizenmehl 550
250 g Dinkelmehl 630
5 g frische Biohefe
250 g fertiges Risotto vom Vortag
280 g Wasser (+/- 30–50 g, je nachdem wie fest das Risotto ist)
1 TL Zuckerrübensirup
8 g Salz

Topping

feiner Maisgrieß oder Mehl

VORBEREITUNGEN Das Risotto mit dem Wasser pürieren.

MISCHEN Alle Zutaten in die Schüssel geben und mit einem Dänischen Schneebesen oder Kochlöffel so lange vermischen, bis keine Mehlnester mehr zu sehen sind. Den Teig mit nassen Händen rundum falten (am besten direkt neben dem Spülbecken bei laufendem Wasser, um die Hände immer wieder nass zu machen).

STOCKGARE Den Teig abgedeckt 10–12 Stunden bei Raumtemperatur gehen lassen. Wenn möglich nach 1–2 Stunden noch einmal mit nassen Händen rundum falten.

FORMEN Den Teig auf eine leicht bemehlte Unterlage geben und mit der Teigkarte von allen vier Seiten einmal nach innen falten. In 3 Teiglinge von jeweils 320 g teilen und diese wie Baguette zu Zylindern formen. 10 Minuten entspannen lassen. Dann wie Baguette formen und in sich verdrehen. Auf Backpapier oder Backfolie setzen.

STÜCKGARE Die Teiglinge bei Raumtemperatur 90 Minuten abgedeckt gehen lassen.

BACKEN Den Backofen auf 250 °C Ober- und Unterhitze vorheizen. Ein Backblech oder einen Backstahl mit aufheizen. Die Teiglinge mit Backpapier oder Backfolie einschießen und den Backofen schwaden. Nach 10 Minuten den Dampf ablassen und den Backofen auf 200 °C runterschalten. Weitere 5 Minuten backen. Dampf ablassen und den Backofen nochmal für 5–6 Minuten auf 250 °C hochheizen. Nach 1 und 2 Minuten nochmal Dampf ablassen.

GELBWEIZEN-FRITTES

Pommes bringen wie alle Kartoffelprodukte mehr Aroma, eine fluffige Krume und eine bessere Frischhaltung ins Brot. Sie können in Öl frittierte genauso gut verwenden wie Pommes aus dem Backofen oder der Heißluftfriteuse. Je nach Kartoffelsorte und Frittierart sollten Sie hier auch erst mal etwas Wasser zurückhalten.

Stockgare bei 26–27 °C: 2,5–3 Stunden
Stockgare bei RT + KS: 4 Stunden RT + 8–10 Stunden KS, dann keine Stückgare bei RT + KS, sondern nur bei 26-27 Grad oder wie im Rezept angegeben
Stückgare bei 26–27 °C: 25–30 Minuten
Stückgare bei RT + KS: 10 Minuten bei RT + 6 Stunden KS
Backzeit: 50–55 Minuten

Zutaten für 1 Brot, ca. 1000 g

250 g Gelbweizen-Vollkornmehl, alternativ Weizen-Vollkornmehl
200 g Gelbweizenmehl 550, alternativ Weizenmehl 550
50 g Roggenmehl 1150
60 g Anstellgut für Sauerteig aus dem KS, alternativ Lievito Madre
3 g frische Biohefe
125 g frittierte (oder gebackene) Pommes Frites
360 g Wasser (+/- 20 g, je nach Kartoffelsorte und Frittierart)
50 g Schmand
6 g Zuckerrübensirup
10–12 g Salz, je nach Salzgehalt der Pommes

VORBEREITUNGEN Pommes mit dem Wasser fein pürieren.

KNETEN Alle Zutaten, außer Salz, in die Schüssel der Knetmaschine geben und 2 Minuten vermischen. 30 Minuten quellen lassen. Salz zugeben und 10 Minuten auf mittlerer Stufe kneten. Nach 5 Minuten eventuell das restliche Wasser (+/- 20 g) unterkneten.

STOCKGARE Den Teig in eine Schüssel geben und rundum falten und dehnen. Abgedeckt 5–6 Stunden bei Raumtemperatur gehen lassen. Nach 30, 60 und 90 Minuten einmal rundum falten.

FORMEN Den Teig auf eine leicht bemehlte Unterlage geben und rundwirken. Mit dem Schluss nach oben in einen runden Gärkorb geben.

STÜCKGARE Den Teigling bei Raumtemperatur 45–60 Minuten abgedeckt gehen lassen.

BACKEN Den Backofen auf 250 °C Ober- und Unterhitze vorheizen. Ein Backblech oder einen Backstahl mit aufheizen. Den Teigling vorsichtig auf Backfolie oder Backpapier stürzen und einschneiden. Einschießen und den Backofen schwaden. Nach 10 Minuten den Dampf ablassen und den Backofen auf 200 °C runterschalten. Weitere 40–45 Minuten backen.

Tipp: Probieren Sie auch mal Reste von Rösti oder Kartoffelpuffern.

URIGES KARTOFFELBROT

Wenn Sie etwas cremige Kartoffelsuppe übrighaben, probieren Sie unbedingt dieses reine Vollkornbrot mit verschiedenen Urkornmehlen. Es schmeckt fantastisch und man merkt überhaupt nicht das reine Vollkorn. Sie können auch jede cremige Gemüsesuppe (außer mit Kohlsorten) verwenden.

Stockgare bei 26–27 °C: 2–2,5 Stunden
Stockgare bei RT + KS: 3 Stunden RT + 8–10 Stunden KS
Stückgare bei 26–27 °C: 15–25 Minuten
Stückgare bei RT + KS: ohne RT direkt in den KS 4–6 Stunden
Backzeit: 50–55 Minuten

Zutaten für 1 Brot, ca. 1100 g

200 g Khorasan-Vollkornmehl, alternativ Weizen-Vollkornmehl
200 g Dinkel-Vollkornmehl
100 g Waldstauden-Vollkornmehl, alternativ Roggen-Vollkornmehl
50 g Anstellgut aufgefrischt, alternativ 50 g Lievito Madre aufgefrischt (bei nicht aufgefrischtem Sauerteig verlängert sich die Gehzeit)
5 g frische Biohefe
30 g Altbrot, geröstet und gemahlen
120 g Sonnenblumenkerne
440 g dickflüssige cremige Kartoffelsuppe, alternativ Gemüsecremesuppe
100 g Wasser (+/- 40 g Wasser je nach Konsistenz der Suppe)
6 g Zuckerrübensirup
8–10 g Salz, je nach Salzigkeit der Suppe

VORBEREITUNGEN Sonnenblumenkerne in einer Pfanne trocken rösten, bis sie duften und etwas Farbe annehmen. Abkühlen lassen.

KNETEN Alle Zutaten, außer Salz, in die Schüssel der Knetmaschine geben und 2 Minuten vermischen. 30 Minuten quellen lassen. Salz zugeben und 12 Minuten auf mittlerer Stufe kneten. Nach 5 Minuten eventuell restliches Wasser (+/- 40 g) zugeben.

STOCKGARE Den Teig in eine Schüssel geben und rundum falten und dehnen. Abgedeckt 4–5 Stunden bei Raumtemperatur gehen lassen. Nach 30, 60 und 90 Minuten einmal rundum falten.

FORMEN Den Teig auf eine leicht bemehlte Unterlage geben und rundwirken. Anschließend langwirken und mit dem Schluss nach oben in einen länglichen Gärkorb geben.

STÜCKGARE Den Teigling bei Raumtemperatur 30–45 Minuten abgedeckt gehen lassen.

BACKEN Den Backofen auf 250 °C Ober- und Unterhitze vorheizen. Ein Backblech oder einen Backstahl mit aufheizen. Den Teigling auf Backpapier oder Backfolie stürzen und einschneiden. Einschießen und den Backofen schwaden. Nach 10 Minuten den Dampf ablassen und den Backofen auf 200 °C runterschalten. Weitere 40–45 Minuten backen.

KARTOFFELKRÜSTCHEN

Kartoffelpüree eignet sich hervorragend für Brotteige. Die Krume wird schön fluffig und es hält länger frisch. Sie können auch mehr oder weniger Püree verwenden und die Flüssigkeitsmenge entsprechend anpassen.

Stockgare bei 26–27 °C: 3 Stunden
Stockgare bei RT + KS: 5 Stunden RT + 8 Stunden KS; oder 4 Stunden RT + 16 Stunden KS
Stückgare bei 26–27 °C: 45–60 Minuten
Stückgare bei RT + KS: 30 Minuten RT + 8 Stunden KS; oder 15 Minuten RT + 12 Stunden KS
Backzeit: 45–50 Minuten

Zutaten für 1 Brot, ca. 900 g, Kastenform 23 x 11 cm

- 200 g Weizen-Vollkornmehl
- 300 g Dinkelmehl 1050
- 3 g frische Biohefe
- 220 g Kartoffelpüree
- 300 g Wasser (+/- 50 g, je nachdem, wie fest das Püree ist)
- 10–12 g Salz, je nach Salzgehalt des Pürees

KNETEN Alle Zutaten, außer Salz, in die Schüssel der Knetmaschine geben und 2 Minuten vermischen. 30 Minuten quellen lassen. Salz zugeben und 10 Minuten auf mittlerer Stufe kneten. Nach 5 Minuten eventuell restliches Wasser (+/- 50 g) zugeben.

STOCKGARE Den Teig in eine Schüssel geben und rundum falten und dehnen. Abgedeckt 6 Stunden bei Raumtemperatur gehen lassen. Nach 30, 60 und 90 Minuten einmal rundum falten.

FORMEN Den Teig auf eine leicht bemehlte Unterlage geben und rundwirken. Anschließend langwirken und mit dem Schluss nach unten in eine gefettete Kastenform geben.

STÜCKGARE Den Teigling bei Raumtemperatur 90–120 Minuten abgedeckt gehen lassen.

BACKEN Den Backofen auf 250 °C Ober- und Unterhitze vorheizen. Ein Backblech oder einen Backstahl mit aufheizen. Die Kastenform einschießen und den Backofen schwaden. Nach 10 Minuten den Dampf ablassen und den Backofen auf 200 °C runterschalten. Weitere 35–40 Minuten backen. Eventuell 5 Minuten vor Backende die Kastenform herausholen, das Brot aus der Form nehmen und bis zum Backende ohne Kasten fertigbacken.

LUFTIGES MILREI

Für dieses Brot lohnt es sich, extra Milchreis zu kochen oder fertigen zu kaufen, da es so super lecker wird. Das Brot wird nicht zu süß und passt zu allen Belägen. Der Milchreis wird nicht püriert, sondern kommt direkt mit in den Teig.

Stockgare bei 26–27 °C: 3,5–4 Stunden
Stockgare bei RT + KS: 6 Stunden RT + 8 Stunden KS; oder 5 Stunden RT + 16 Stunden KS
Stückgare bei 26–27 °C: 15 Minuten
Stückgare bei RT + KS: ohne RT direkt in den KS 4 Stunden
Backzeit: 45–50 Minuten

Zutaten für 1 Brot, ca. 850 g

200 g Weizenmehl 550
200 g Dinkelmehl 1050
100 g Roggenmehl 1150
3 g frische Biohefe
200 g Milchreis (gekocht und gesüßt)
250 g Wasser (+/- 20 g Wasser, je nachdem wie fest der Milchreis ist)
12 g Salz

KNETEN Alle Zutaten, außer Salz, in die Schüssel der Knetmaschine geben und 2 Minuten vermischen. 30 Minuten quellen lassen. Salz zugeben und 10 Minuten auf mittlerer Stufe kneten. Nach 5 Minuten eventuell restliches Wasser (+/- 20 g) zugeben.

STOCKGARE Den Teig in eine Schüssel geben und rundum falten und dehnen. Abgedeckt 7–8 Stunden bei Raumtemperatur gehen lassen. Nach 30, 60 und 90 Minuten einmal rundum falten.

FORMEN Den Teig auf eine leicht bemehlte Unterlage geben und rundwirken. Anschließend langwirken und mit dem Schluss nach oben in einen länglichen Gärkorb geben.

STÜCKGARE Den Teigling bei Raumtemperatur 30 Minuten abgedeckt gehen lassen.

BACKEN Den Backofen auf 250 °C Ober- und Unterhitze vorheizen. Ein Backblech oder einen Backstahl mit aufheizen. Den Teigling einschneiden und einschießen. Backofen schwaden. Nach 10 Minuten den Dampf ablassen und den Backofen auf 200 °C runterschalten. Weitere 35–40 Minuten backen.

Tipp: Probieren Sie auch mal Milchreis mit Früchten oder Kakao.

SCHNELLER WALNUSS-BIER-KASTEN

Nüsse passen im Prinzip in jeden Brotteig. Ganz besonders lecker wird das Brot durch übriggebliebene Salzkartoffeln, einen Rest Joghurt und etwas abgestandenes Bier. Der Teig kommt direkt in die Kastenform, die Stockgare entfällt.

Stückgare bei 26–27 °C: 90 Minuten
Stückgare bei RT + KS: 2 Stunden RT + 8 Stunden KS; oder 1 Stunde RT + 16 Stunden KS
Backzeit: 50–55 Minuten

Zutaten für 1 Brot, ca. 1150 g, Kastenform 23 × 11 cm

- 300 g helles Emmermehl, alternativ Weizenmehl 550
- 200 g Roggenmehl 1370
- 100 g Emmer-Vollkornmehl, alternativ Weizen-Vollkornmehl
- 8 g frische Biohefe
- 180 g gekochte Salzkartoffeln
- 75 g Walnüsse
- 200 g Bier
- 100 g Joghurt
- 140 g Wasser (+ 20 g Wasser für Fortgeschrittene)
- 7 g Zuckerrübensirup
- 12 g Salz

Topping

- feiner Maisgrieß oder Roggenmehl

VORBEREITUNGEN Die Kartoffeln mit dem Bier pürieren.

KNETEN Alle Zutaten, außer Salz, in die Schüssel der Knetmaschine geben und 2 Minuten vermischen. 30 Minuten quellen lassen. Salz zugeben und 10 Minuten auf mittlerer Stufe kneten. Nach 5 Minuten eventuell restliches Wasser (die 20 g für Fortgeschrittene) zugeben.

FORMEN Den Teig auf eine leicht bemehlte Unterlage geben und rundwirken. Langwirken und mit dem Schluss nach unten in eine gefettete Kastenform geben. Wenn Ihnen der Teig zu weich ist, können Sie ihn direkt in die Form geben und mit nassen Händen glattstreichen. Die Oberfläche mit Maisgrieß bestreuen.

STÜCKGARE Den Teigling bei Raumtemperatur 3 Stunden abgedeckt gehen lassen.

BACKEN Den Backofen auf 250 °C Ober- und Unterhitze vorheizen. Ein Backblech oder einen Backstahl mit aufheizen. Einschießen und den Backofen schwaden. Nach 10 Minuten den Dampf ablassen und den Backofen auf 200 °C runterschalten. Weitere 40–45 Minuten backen. Das Brot 5–10 Minuten vor Backende aus der Form nehmen und nochmal ohne Form fertigbacken.

Tipp: Statt Bier können Sie auch Radler oder Malzbier verwenden. Für noch mehr Geschmack können Sie die Walnüsse im Backofen etwas rösten.

REZEPTE MIT GETREIDEPRODUKTEN

BUTTER-GRIESS-ECKEN

Grießbrei ist eine tolle Restezutat zum Backen von Brötchen oder Brot. Er kann entweder püriert oder auch so wie er ist zum Teig gegeben werden. Ich habe ihn unpüriert für leckere Brötchen verwendet und noch etwas Butter dazugegeben.

Stockgare bei 26–27 °C: 6–7 Stunden
Stockgare bei RT + KS: wie im Rezept angegeben
Stückgare bei 26–27 °C: 25–30 Minuten
Stückgare bei RT + KS: ohne RT direkt in den KS 6–8 Stunden
Backzeit: 18–20 Minuten

Zutaten für 10–12 Brötchen, je nach Größe

400 g Weizenmehl 550
100 g Dinkelmehl 1050
4 g frische Biohefe
180 g fertiger Grießbrei
220 g Wasser (+ 20 g Wasser für Fortgeschrittene)
12 g Salz
40 g kalte Butter

Topping

Dunst oder Mehl

KNETEN Alle Zutaten, außer Salz und Butter, in die Schüssel der Knetmaschine geben und 2 Minuten vermischen. 30 Minuten quellen lassen. Salz zugeben und 10 Minuten auf mittlerer Stufe kneten. Nach 5 Minuten eventuell restliches Wasser (die 20 g für Fortgeschrittene) zugeben. Nach 10 Minuten Butter in Stückchen dazugeben und weitere 5 Minuten unterkneten.

STOCKGARE Den Teig in eine Schüssel geben und rundum falten und dehnen. Abgedeckt 4 Stunden bei Raumtemperatur gehen lassen. Nach 30, 60 und 90 Minuten einmal rundum falten. Anschließend 24–48 Stunden kühlstellen.

FORMEN Den Teig auf eine leicht bemehlte Unterlage geben, zu einem Rechteck formen und ziehen und längs in der Mitte teilen. Bemehlen und mit einer Teigkarte dreieckige Teiglinge abstechen. Auf Backfolie oder Backpapier legen.

STÜCKGARE Die Teiglinge bei Raumtemperatur 45–60 Minuten abgedeckt gehen lassen.

BACKEN Den Backofen auf 250 °C Ober- und Unterhitze vorheizen. Ein Backblech oder einen Backstahl mit aufheizen. Die Teiglinge mit der Backfolie oder dem Backpapier einschießen und den Backofen schwaden. Nach 10 Minuten den Dampf ablassen und den Backofen auf 200 °C runterschalten. Weitere 5 Minuten backen. Dampf ablassen und den Backofen nochmal für 3–5 Minuten auf 250 °C hochschalten. Möglichst jede Minute die Backofentür kurz öffnen und Dampf ablassen.

COUSCOUS-KRÜSTCHEN

Couscous besteht aus Weizengrieß und ist somit hervorragend für Brote geeignet. Zusammen mit Kurkuma, schwarzem Sesam und Gelbweizenmehl wird daraus ein tolles Brot mit einer wunderschönen Krumenfarbe. Sie können hier auch Reste von Couscous-Salat verwenden (dann bitte die Flüssigkeit reduzieren).

Stockgare bei 26–27 °C: 2 Stunden
Stockgare bei RT + KS: 3 Stunden RT + 8 Stunden KS (dann keine Stückgare bei RT + KS, sondern nur bei 26–27 °C oder wie im Rezept angegeben)
Stückgare bei 26–27 °C: 30 Minuten
Stückgare bei RT + KS: 10 Minuten RT + 6–8 Stunden KS
Backzeit: 45–50 Minuten

Zutaten für 1 Brot, ca. 1150 g

- 200 g Gelbweizen-Vollkornmehl, alternativ Weizen-Vollkornmehl
- 300 g Gelbweizenmehl 550, alternativ Weizenmehl 550
- 100 g Lievito Madre aus dem KS, alternativ Anstellgut und weniger Flüssigkeit
- 3 g frische Biohefe
- 260 g Couscous, gegart
- 30 g schwarzer Sesam
- 2 g Kurkuma
- 360–400 g Wasser, je nachdem wie viel Flüssigkeit der Couscous enthält
- 6 g Zuckerrübensirup
- 12 g Salz

KNETEN Alle Zutaten, außer Salz, in die Schüssel der Knetmaschine geben und 2 Minuten vermischen. 30 Minuten quellen lassen. Salz zugeben und 10 Minuten auf mittlerer Stufe kneten. Nach 5 Minuten eventuell noch schluckweise Wasser zugeben.

STOCKGARE Den Teig in eine Schüssel geben und rundum falten und dehnen. Abgedeckt 4 Stunden bei Raumtemperatur gehen lassen. Nach 30, 60 und 90 Minuten einmal rundum falten.

FORMEN Den Teig auf eine leicht bemehlte Unterlage geben und ohne zu viel Druck rundwirken. Mit dem Schluss nach oben in einen runden Gärkorb geben.

STÜCKGARE Den Teigling bei Raumtemperatur 60 Minuten abgedeckt gehen lassen.

BACKEN Den Backofen auf 250 °C Ober- und Unterhitze vorheizen. Ein Backblech oder einen Backstahl mit aufheizen. Den Teigling auf Backpapier oder Backfolie stürzen und einschneiden. Einschießen und den Backofen schwaden. Nach 10 Minuten den Dampf ablassen und den Backofen auf 200 °C runterschalten. Weitere 35–40 Minuten backen.

SCHWABENLAIBLE

Spätzle eignen sich durch ihre Zusammensetzung ganz hervorragend für Brotteige. Zusammen mit Dinkel und Quark wird daraus ein wunderbar wattiges Brot. Sie können auch weniger oder mehr Spätzle nehmen und die Flüssigkeitsmenge entsprechend anpassen.

Stockgare bei 26–27 °C: 2 Stunden
Stockgare bei RT + KS: 3 Stunden RT + 8 Stunden KS; oder 2 Stunden RT + 16 Stunden KS
Stückgare bei 26–27 °C: 25–30 Minuten
Stückgare bei RT + KS: 10 Minuten RT + 6–8 Stunden KS
Backzeit: 45–50 Minuten

Zutaten für 1 Brot, ca. 1000 g

300 g Dinkelmehl 630
200 g Dinkel-Vollkornmehl
5 g frische Biohefe
250 g gegarte Spätzle
120 g Quark
200 g + 50 g Wasser (+ 20 g für Fortgeschrittene)
6 g Zuckerrübensirup
12 g Salz

VORBEREITUNGEN Die Spätzle mit 200 g Wasser fein pürieren.

KNETEN Alle Zutaten, außer Salz, in die Schüssel der Knetmaschine geben und 2 Minuten vermischen. 30 Minuten quellen lassen. Salz zugeben und 10 Minuten auf mittlerer Stufe kneten. Nach 5 Minuten eventuell restliches Wasser (die 20 g für Fortgeschrittene) zugeben.

STOCKGARE Den Teig in eine Schüssel geben und rundum falten und dehnen. Abgedeckt 4 Stunden bei Raumtemperatur gehen lassen. Nach 30, 60 und 90 Minuten einmal rundum falten.

FORMEN Den Teig auf eine leicht bemehlte Unterlage geben und vorsichtig ohne zu viel Druck rundwirken. Anschließend langwirken und mit dem Schluss nach oben in einen Gärkorb geben.

STÜCKGARE Den Teigling bei Raumtemperatur 45–60 Minuten abgedeckt gehen lassen.

BACKEN Den Backofen auf 250 °C Ober- und Unterhitze vorheizen. Ein Backblech oder einen Backstahl mit aufheizen. Den Teigling auf Backpapier oder Backfolie stürzen und einschneiden. Einschießen und den Backofen schwaden. Nach 10 Minuten den Dampf ablassen und den Backofen auf 200 °C runterschalten. Weitere 35–40 Minuten backen.

POLENTA-CIABATTA

Polenta ist eine typische Beilage aus gekochtem Maisgrieß. Maisgrieß ist aber auch eine tolle Grundlage für luftige Brote wie dieses Ciabatta. Das Kochstück können Sie bereits am Vortag herstellen und abgekühlt in den Kühlschrank stellen.

Stockgare bei 26–27 °C: 2 Stunden
Stockgare bei RT + KS: 3 Stunden RT + 8 Stunden KS; oder 2 Stunden RT + 16 Stunden KS
Stückgare bei 26–27 °C: 45–60 Minuten
Stückgare bei RT + KS: 1 Stunde RT + 4–6 Stunden KS; oder 30 Minuten RT + 12 Stunden KS
Backzeit: 20–25 Minuten

Zutaten für 2 Brote, ca. je 450 g

Kochstück
60 g Polenta-Maisgrieß (instant)
200 g Wasser
Alternativ 260 g fertige Polenta

Hauptteig
Kochstück
400 g Weizenmehl Tipo 0, alternativ Weizenmehl 550 und eventuell etwas weniger Flüssigkeit
50 g Roggenmehl 1150
5 g frische Biohefe
270 g Wasser (+ 20 g für Fortgeschrittene)
5 g Agavendicksaft
12 g Salz
20 g Olivenöl

Topping
Maisgrieß, alternativ Vollkornmehl

KOCHSTÜCK Das Wasser aufkochen und Maisgrieß einrühren. Mit einem Kochlöffel rühren, bis die Masse andickt. Deckel auflegen und abkühlen lassen.

KNETEN Alle Zutaten für den Hauptteig, außer Salz und Olivenöl, in die Schüssel der Knetmaschine geben und 2 Minuten vermischen. 30 Minuten quellen lassen. Salz zugeben und 10 Minuten auf mittlerer Stufe kneten. Nach 5 Minuten eventuell restliches Wasser (die 20 g für Fortgeschrittene) zugeben. Nach 7 Minuten Olivenöl dazugeben und unterkneten.

STOCKGARE Den Teig in eine Schüssel geben und rundum falten und dehnen. Abgedeckt 4 Stunden bei Raumtemperatur gehen lassen. Nach 30, 60 und 90 Minuten einmal rundum falten.

FORMEN Den Teig auf eine leicht bemehlte Unterlage geben und vorsichtig zu einem Rechteck ziehen. Mit einer großen Teigkarten längs in 2 Teiglinge abstechen. Teiglinge etwas länger ziehen und auf Backfolie oder Backpapier setzen. Mit Maisgrieß oder Vollkornmehl bestäuben.

STÜCKGARE Teiglinge bei Raumtemperatur 90–120 Minuten abgedeckt gehen lassen.

BACKEN Den Backofen auf 250 °C Ober- und Unterhitze vorheizen. Ein Backblech oder einen Backstahl mit aufheizen. Die Teiglinge mit Backfolie oder Backpapier einschießen und den Backofen schwaden. Nach 10 Minuten den Dampf ablassen und den Backofen auf 200 °C runterschalten. Weitere 10–15 Minuten backen.

BASTA

Wer kennt das nicht? Vom Essen sind Nudelreste übrig, die nicht mehr für eine weitere Mahlzeit ausreichen. Da Nudeln aus Hartweizengrieß oder -mehl, Wasser und eventuell Eiern bestehen, lassen sie sich ganz prima in Brotteigen verarbeiten. Man kann auch weniger oder mehr Nudeln verwenden und die Flüssigkeit entsprechend anpassen.

Stockgare bei 26–27 °C: 2,5–3 Stunden
Stockgare bei RT + KS: 4,5 Stunden RT + 8 Stunden KS; oder 3,5 Stunden RT + 16 Stunden KS, dann keine Stückgare bei RT + KS, sondern nur bei 26–27 °C oder wie im Rezept angegeben
Stückgare bei 26–27 °C: 25–30 Minuten
Stückgare bei RT + KS: 10 Minuten RT + 4–6 Stunden KS
Backzeit: 50–55 Minuten

Zutaten für 1 Brot, ca. 1000 g

300 g Weizenmehl 550
200 g Weizenmehl 1050
60 g Lievito Madre aus dem KS, alternativ 60 g Anstellgut aus dem KS
3 g frische Biohefe
200 g gekochte Nudeln
200 g Milch
20 g Altbrot, geröstet und gemahlen
90 g Wasser (+ 20 g Wasser für Fortgeschrittene)
6 g Zuckerrübensirup
12 g Salz
15 g Olivenöl

Topping

Weizenmehl 550

VORBEREITUNGEN Die Nudeln mit der Milch in einen hohen Rührbecher geben und pürieren.

KNETEN Alle Zutaten, außer Salz und Öl, in die Schüssel der Knetmaschine geben und 2 Minuten vermischen. 30 Minuten quellen lassen. Salz zugeben und 10 Minuten auf mittlerer Stufe kneten. Nach 5 Minuten eventuell restliches Wasser (die 20 g für Fortgeschrittene) zugeben. Nach 7 Minuten das Öl zugeben und unterkneten.

STOCKGARE Den Teig in eine Schüssel geben und rundum falten und dehnen. Abgedeckt 5–6 Stunden bei Raumtemperatur gehen lassen. Nach 30, 60 und 90 Minuten einmal rundum falten.

FORMEN Den Teig auf eine leicht bemehlte Unterlage geben und vorsichtig rundwirken. Mit einer großen Teigkarte zu einem Viereck formen und mit dem Schluss nach unten auf Backpapier oder Backfolie setzen. Mit Mehl bestäuben.

STÜCKGARE Den Teigling bei Raumtemperatur 45–60 Minuten abgedeckt gehen lassen.

BACKEN Den Backofen auf 250 °C Ober- und Unterhitze vorheizen. Ein Backblech oder einen Backstahl mit aufheizen. Den Teigling einschneiden und mit Backpapier oder Backfolie einschießen. Den Backofen schwaden. Nach 10 Minuten den Dampf ablassen und den Backofen auf 200 °C runterschalten. Weitere 40–45 Minuten backen.

POLENTA-MAIS-KRUSTE

Für die Polenta-Mais-Kruste wird ein Rest Polenta mit einem Rest Maiskörnern fein püriert. Je nach Festigkeit der Polenta benötigen Sie mehr oder weniger Wasser.

Stockgare bei 26–27 °C: 2,5 Stunden
Stockgare bei RT + KS: 4 Stunden RT + 8 Stunden KS; oder 3 Stunden RT + 16 Stunden KS
Stückgare bei 26–27 °C: 30 Minuten
Stückgare bei RT + KS: 10 Minuten RT + 6–8 Stunden KS
Backzeit: 50–55 Minuten

Zutaten für Brot, ca. 950 g

300 g Gelbweizen-Vollkornmehl, alternativ Weizen-Vollkornmehl
200 g Weizenmehl 1050
4 g frische Biohefe
75 g Maiskörner, gegart
100 g Buttermilch
150 g Wasser (+/- 20–70 g Wasser, je nach Festigkeit der Polenta)
200 g Polenta, fertig, bei mir fest
12 g Salz

VORBEREITUNGEN Maiskörner mit der Buttermilch, 150 g Wasser und Polenta fein pürieren.

KNETEN Alle Zutaten, außer Salz, in die Schüssel der Knetmaschine geben und 2 Minuten vermischen. 30 Minuten quellen lassen. Salz zugeben und 10 Minuten auf mittlerer Stufe kneten.

STOCKGARE Den Teig in eine Schüssel geben und rundum falten und dehnen. Abgedeckt 5 Stunden bei Raumtemperatur gehen lassen. Nach 30, 60 und 90 Minuten einmal rundum falten.

FORMEN Den Teig auf eine leicht bemehlte Unterlage geben und rundwirken. Mit dem Schluss nach oben in einen runden Gärkorb geben.

STÜCKGARE Den Teigling bei Raumtemperatur 60 Minuten abgedeckt gehen lassen.

BACKEN Den Backofen auf 250 °C Ober- und Unterhitze vorheizen. Ein Backblech oder einen Backstahl mit aufheizen. Den Teigling vorsichtig auf Backfolie oder Backpapier stürzen und einschneiden. Einschießen und den Backofen schwaden. Nach 10 Minuten den Dampf ablassen und den Backofen auf 200 °C runterschalten. Weitere 40–45 Minuten backen.

POPPY NO KNEAD

Es gibt so viele Rezepte für die man nur Eigelb benötigt. Da stellt sich die Frage, wohin mit dem Eiweiß? Eine tolle Möglichkeit zum Verwerten sind Brotteige. Außerdem passen in dieses Brot noch Reste von Quinoa-Pops, Karottensaft und Quark oder alternativ Joghurt oder Frischkäse.

Stockgare bei 26–27 °C: 5–6 Stunden
Stockgare bei RT + KS: 9 Stunden RT + 8 Stunden KS, dann keine Stückgare bei RT + KS, sondern nur bei 26–27 °C oder wie im Rezept angegeben
Stückgare bei 26–27 °C: 30 Minuten
Stückgare bei RT + KS: 10 Minuten RT + 6–8 Stunden KS; oder 30 Minuten RT + 4 Stunden KS
Backzeit: 45–50 Minuten

Zutaten für 1 Brot, ca.1000 g

250 g Gelbweizen-Vollkornmehl, alternativ Weizen-Vollkornmehl
200 g Dinkelmehl 1050
30 g Lievito Madre aus dem KS, alternativ 30 g Anstellgut aus dem KS
3 g frische Biohefe
50 g Haferflocken
50 g Sonnenblumenkerne
50 g Quinoa-Pops, alternativ Amaranth-Pops
2 Eiweiß, ca. 70 g (bei weniger Gewicht mit Wasser auffüllen)
60 g Quark, 20%ig, alternativ Joghurt oder Frischkäse
150 g Karottensaft, alternativ Wasser
220 g Wasser
6 g Zuckerrübensirup
12 g Salz

VORBEREITUNGEN Quinoa-Pops, Saaten und Flocken in einer Pfanne trocken rösten, bis sie duften. Abkühlen lassen.

MISCHEN Alle Zutaten mit einem Dänischen Schneebesen oder Kochlöffel so lange vermischen, bis keine Mehlnester mehr zu sehen sind. Den Teig mit nassen Händen rundum falten (am besten direkt neben dem Spülbecken bei laufendem Wasser, um die Hände immer wieder nass zu machen).

STOCKGARE Den Teig abgedeckt 10–12 Stunden bei Raumtemperatur gehen lassen. Wenn möglich nach 1–2 Stunden noch einmal mit nassen Händen rundum falten.

FORMEN Den Teig auf eine leicht bemehlte Unterlage geben und mit der Teigkarte von allen vier Seiten einmal nach innen falten. Den Teig rundwirken und mit dem Schluss nach oben in einen runden Gärkorb geben.

STÜCKGARE Den Teigling bei Raumtemperatur 60 Minuten abgedeckt gehen lassen.

BACKEN Den Backofen auf 250 °C Ober- und Unterhitze vorheizen. Ein Backblech oder einen Backstahl mit aufheizen. Den Teigling auf Backpapier oder Backfolie stürzen und einschneiden. Einschießen und den Backofen schwaden. Nach 10 Minuten den Dampf ablassen und den Backofen auf 200 °C runterschalten. Weitere 35–40 Minuten backen.

REZEPTE MIT GEMÜSE UND OBST

APFEL-DINKEL-KÖRNCHEN NO KNEAD

Dieses reine Dinkelbrot wird durch geriebene Äpfel und Buttermilch schön saftig und bleibt lange frisch. Es wird trotzdem nicht zu süß und passt daher zu allen Belägen.

Stockgare bei 26–27 °C: 5–6 Stunden
Stockgare bei RT + KS: 9 Stunden RT + 8 Stunden KS, dann keine Stückgare bei RT + KS, sondern nur bei 26–27 °C oder wie im Rezept angegeben
Stückgare bei 26–27 °C: 30–45 Minuten
Stückgare bei RT + KS: 10 Minuten RT + 8 Stunden KS; oder 30 Minuten RT + 4–6 Stunden KS
Backzeit: 45–50 Minuten

Zutaten für 1 Brot, ca. 900 g

- 300 g Dinkelmehl 630
- 200 g Dinkelmehl 1050
- 10 g Lievito Madre aus dem KS, alternativ 10 g Anstellgut aus dem KS
- 3 g frische Biohefe
- 20 g Leinsamen, geschrotet
- 240 g Apfel mit Schale, grob gerieben
- 160 g Buttermilch
- 40 g Wasser (+/- 30 g)
- 12 g Salz

MISCHEN Alle Zutaten und 40 g Wasser mit einem Dänischen Schneebesen oder Kochlöffel so lange vermischen, bis keine Mehlnester mehr zu sehen sind. Je nachdem, wie saftig der Apfel ist, eventuell mehr Wasser zugeben. Den Teig mit nassen Händen rundum falten (am besten direkt neben dem Spülbecken bei laufendem Wasser, um die Hände immer wieder nass zu machen).

STOCKGARE Den Teig abgedeckt 10–12 Stunden bei Raumtemperatur gehen lassen. Wenn möglich nach 1–2 Stunden noch einmal mit nassen Händen rundum falten.

FORMEN Den Teig auf eine leicht bemehlte Unterlage geben und mit der Teigkarte von allen vier Seiten einmal nach innen falten. Den Teig rundwirken, anschließend langwirken und mit dem Schluss nach oben in einen länglichen Gärkorb legen.

STÜCKGARE Den Teig bei Raumtemperatur 60–90 Minuten abgedeckt gehen lassen.

BACKEN Den Backofen auf 250 °C Ober- und Unterhitze vorheizen. Ein Backblech oder einen Backstahl mit aufheizen. Den Teigling auf Backpapier oder Backfolie stürzen und einschneiden. Einschießen und den Backofen schwaden. Nach 10 Minuten den Dampf ablassen und den Backofen auf 200 °C runterschalten. Weitere 35–40 Minuten backen.

ZUCCHINI-KÄSE-STANGEN NO KNEAD

Zucchini bringen wie Karotten viel Feuchtigkeit in Brotteige und machen sie schön saftig. Zusammen mit Käse wird daraus ein tolles Beilagenbrot, das sich für jedes Buffet eignet, lecker zu Suppen oder Eintöpfen schmeckt oder einfach so mit Käse oder auch als Sandwich-Brot. Bitte unbedingt etwas Wasser zurückhalten und erst mal schauen, wie der Teig ist.

Stockgare bei 26–27 °C: 5–6 Stunden
Stockgare bei RT + KS: 9 Stunden RT + 8 Stunden KS, dann keine Stückgare bei RT + KS, sondern nur bei 26–27 °C oder wie im Rezept angegeben
Stückgare bei 26–27 °C: 15–30 Minuten
Stückgare bei RT + KS: 10–15 Minuten bei RT, 4–6 Stunden KS
Backzeit: 20 Minuten

Zutaten für 4 Stangen

- 500 g T65, alternativ T55, Tipo 0 oder Weizenmehl 550 und etwas weniger Flüssigkeit
- 20 g Lievito Madre aus dem KS, alternativ 20 g Anstellgut aus dem KS
- 5 g frische Biohefe
- 140 g Zucchini, mittelfein geraspelt
- 200 g Milch
- 70 g Wasser (+/- 50 g, je nach Feuchtigkeit der Zucchini)
- 100 g geriebener Emmentaler, alternativ anderer Käse
- 6 g Agavendicksaft
- 12 g Salz
- 10 g Olivenöl

Topping

- 2 EL Milch, 50 g geriebener Emmentaler, etwas schwarzer Sesam

MISCHEN Alle Zutaten mit einem Dänischen Schneebesen oder Kochlöffel so lange vermischen, bis keine Mehlnester mehr zu sehen sind. Falls der Teig nach dem Vermischen noch trocken wirkt, das restliche Wasser schluckweise untermischen. Den Teig mit nassen Händen rundum falten (am besten direkt neben dem Spülbecken bei laufendem Wasser, um die Hände immer wieder nass zu machen).

STOCKGARE Den Teig abgedeckt 10–12 Stunden bei Raumtemperatur gehen lassen. Wenn möglich nach 1–2 Stunden noch einmal mit nassen Händen rundum falten.

FORMEN Den Teig auf eine leicht bemehlte Unterlage geben und mit der Teigkarte von allen vier Seiten einmal nach innen falten. In 4 gleich große Teiglinge abstechen und diese wie Baguette zu Zylindern formen. 10 Minuten entspannen lassen. Dann wie Baguette formen und zum Gehen in ein Leinentuch geben.

STÜCKGARE Die Teiglinge bei Raumtemperatur 30–60 Minuten abgedeckt gehen lassen.

BACKEN Den Backofen auf 250 °C Ober- und Unterhitze vorheizen. Ein Backblech oder einen Backstahl mit aufheizen. Die Teiglinge auf Backpapier oder Backfolie geben, einschneiden und mit Milch einpinseln. Mit dem Käse und Sesam bestreuen. Einschießen und den Backofen schwaden. Nach 10 Minuten den Dampf ablassen, auf 220 °C runterschalten und weitere 10 Minuten backen. Backofentür alle 2–3 Minuten öffnen und Dampf ablassen.

CHIA-KAROTTEN-KASTEN

Dieses saftige Karottenbrot ist super einfach zu machen und kommt direkt nach dem Kneten ohne Stockgare in die Kastenform. Chiasamen nehmen ähnlich wie Flohsamenschalen ein Vielfaches ihres Eigengewichtes an Flüssigkeit auf und können so viel Feuchtigkeit in Brotteigen binden. Außerdem gelten sie als Superfood und sollen sehr gesund sein.

Stückgare bei 26–27 °C: 2 Stunden
Stückgare bei RT + KS: 3 Stunden RT + 8 Stunden KS
Backzeit: 50–55 Minuten

Zutaten für 1 Brot, ca. 1200 g, Kastenform ca. 23 × 11 cm

- 250 g Weizenmehl 1050
- 200 g Dinkel-Vollkornmehl
- 100 g Waldstaudenroggen-Vollkornmehl, alternativ Roggen-Vollkornmehl
- 80 g Anstellgut für Sauerteig aus dem KS, alternativ Lievito Madre aus dem KS und 10 g mehr Wasser
- 3 g frische Biohefe
- 30 g Altbrot, geröstet und gemahlen
- 25 g Chiasamen
- 150 g Karotten, gerieben
- 480 g Wasser (+/- 20 g, je nach Feuchtigkeit der Karotten)
- 6 g Zuckerrübensirup
- 12 g Salz

Topping

Maisgrieß oder Vollkornmehl

KNETEN Alle Zutaten, außer Salz, in die Schüssel der Knetmaschine geben und 2 Minuten vermischen. 30 Minuten quellen lassen. Salz zugeben und 10 Minuten auf mittlerer Stufe kneten. Nach 5 Minuten eventuell restliche Milch zugeben. Fenstertest sollte möglich sein.

FORMEN Den Teig direkt auf eine leicht bemehlte Unterlage geben und rundwirken. Anschließend langwirken und mit dem Schluss nach unten in eine Kastenform geben. Mit Maisgrieß oder Vollkornmehl bestäuben.

STÜCKGARE Den Teigling bei Raumtemperatur 4 Stunden abgedeckt gehen lassen.

BACKEN Den Backofen auf 250 °C Ober- und Unterhitze vorheizen. Ein Backblech oder einen Backstahl mit aufheizen. Die Kastenform einschießen und den Backofen schwaden. Nach 10 Minuten den Dampf ablassen und den Backofen auf 200 °C runterschalten. Weitere 40–45 Minuten backen. Eventuell 5–10 Minuten vor Backende die Kastenform herausnehmen, das Brot aus dem Kasten holen und ohne die Form fertigbacken.

Tipp: Verwenden Sie statt Karotten geriebene Zucchini (eventuell Flüssigkeit anpassen).

ROTE-BETE-BATARD

Durch Rote Bete wird die Krume dieses Brotes schön feucht. Leider bleibt nach dem Backen nicht mehr viel von der schönen roten Teigfarbe übrig – trotzdem lohnt sich das Verarbeiten von Roter Bete, weil das Brot dadurch sehr lecker wird. Je nachdem wie frisch die Bete sind, benötigen Sie mehr oder weniger Flüssigkeit.

Stockgare bei 26–27 °C: 2–2,5 Stunden
Stockgare bei RT + KS: 3,5 Stunden RT + 8 Stunden KS, dann keine Stückgare bei RT + KS, sondern nur bei 26–27 °C oder wie im Rezept angegeben
Stückgare bei 26–27 °C: 30–45 Minuten
Stückgare bei RT + KS: 10 Minuten RT + 6–8 Stunden KS
Backzeit: 35–40 Minuten

Zutaten für 2 Brote, je 500 g

Kochstück
30 g Dinkelmehl 1050
150 g Wasser

Hauptteig
Kochstück
350 g Dinkelmehl 630
100 g Dinkelmehl 1050
60 g Anstellgut aus dem KS, alternativ 60 g Lievito Madre und ca. 10 g Wasser
3 g frische Biohefe
200 g Rote Bete, gekocht
200 g Buttermilch
(+ 20–30 g Wasser für Fortgeschrittene)
30 g feine Haferflocken
6 g Flohsamenschalen
14 g Salz

KOCHSTÜCK Dinkelmehl in das Wasser einrühren und aufkochen, bis die Masse andickt. Abkühlen lassen.

VORBEREITUNGEN Die Rote Bete mit der Buttermilch fein pürieren. Haferflocken in einer Pfanne trocken rösten, bis sie duften. Abkühlen lassen.

KNETEN Alle Zutaten, außer Salz, in die Schüssel der Knetmaschine geben und 2 Minuten vermischen. 30 Minuten quellen lassen. Salz zugeben und 10 Minuten auf mittlerer Stufe kneten. Nach 5 Minuten eventuell restliches Wasser (die 20–30 g für Fortgeschrittene) zugeben.

STOCKGARE Den Teig in eine Schüssel geben und rundum falten und dehnen. Abgedeckt 4–5 Stunden bei Raumtemperatur gehen lassen. Nach 30, 60 und 90 Minuten einmal rundum falten.

FORMEN Den Teig auf eine leicht bemehlte Unterlage geben, in 2 Teiglinge teilen und vorsichtig rundwirken. Anschließend beide Teiglinge langwirken und die Enden etwas spitzer rollen. Mit dem Schluss nach unten auf Backfolie oder Backpapier legen.

STÜCKGARE Die Teiglinge bei Raumtemperatur 60–90 Minuten abgedeckt gehen lassen.

BACKEN Den Backofen auf 250 °C Ober- und Unterhitze vorheizen. Ein Backblech oder einen Backstahl mit aufheizen. Die Teiglinge einschneiden und mit der Backfolie oder dem Backpapier einschießen. Backofen schwaden. Nach 10 Minuten den Dampf ablassen und den Backofen auf 200 °C runterschalten. Weitere 25–30 Minuten backen.

BIRNEN-JOCKEL NO KNEAD

Mit 60 % Vollkornmehl und pürierter Birne bekommt dieses saftige Brot ganz viel Aroma und wird trotzdem nicht zu süß. Es passt sehr gut zu Käse und süßen Aufstrichen.

Stockgare bei 26–27 °C: 5–6 Stunden
Stockgare bei RT + KS: 9 Stunden RT + 8 Stunden KS, dann keine Stückgare bei RT + KS, sondern nur bei 26–27 °C oder wie im Rezept angegeben
Stückgare bei 26–27 °C: 30 Minuten
Stückgare bei RT + KS: 10 Minuten RT + 6–8 Stunden KS
Backzeit: 45–50 Minuten

Zutaten für 1 Brot, ca. 900 g

- 200 g Weizenmehl 550
- 240 g Rotkornweizen-Vollkornmehl, alternativ Weizen-Vollkornmehl
- 60 g Waldstaudenroggen-Vollkornmehl, alternativ Roggen-Vollkornmehl
- 3 g frische Biohefe
- 50 g Altbrot, geröstet und gemahlen
- 220 g Birne, geviertelt ohne Kerngehäuse, mit Schale
- 160 g Buttermilch
- 100 g Wasser (+/- 30 g, je nach Saftgehalt der Birnen)
- 12 g Salz

VORBEREITUNGEN Die Birne mit der Buttermilch fein pürieren.

MISCHEN Alle Zutaten mit einem Dänischen Schneebesen oder Kochlöffel so lange vermischen, bis keine Mehlnester mehr zu sehen sind. Falls der Teig noch zu trocken wirkt, schluckweise vom restlichen Wasser untermischen. Den Teig mit nassen Händen rundum falten (am besten direkt neben dem Spülbecken bei laufendem Wasser, um die Hände immer wieder nass zu machen).

STOCKGARE Den Teig abgedeckt 10–12 Stunden bei Raumtemperatur gehen lassen. Wenn möglich nach 1–2 Stunden noch einmal mit nassen Händen rundum falten.

FORMEN Den Teigling auf eine leicht bemehlte Unterlage geben und mit der Teigkarte von allen vier Seiten einmal nach innen falten. Den Teig rundwirken und mit dem Schluss nach oben in einen runden Gärkorb legen.

STÜCKGARE Den Teig bei Raumtemperatur 60 Minuten abgedeckt gehen lassen.

BACKEN Den Backofen auf 250 °C Ober- und Unterhitze vorheizen. Ein Backblech oder einen Backstahl mit aufheizen. Den Teigling auf Backpapier oder Backfolie stürzen und einschneiden. Einschießen und den Backofen schwaden. Nach 10 Minuten den Dampf ablassen und den Backofen auf 200 °C runterschalten. Weitere 35–40 Minuten backen.

ERBS-KÖNIG

Auch Reste von grünen Erbsen lassen sich super für Brotteige verwenden. Sie können mehr oder weniger Erbsen nehmen und die Flüssigkeitsmenge entsprechend anpassen.

Stockgare bei 26–27 °C: 2,5 Stunden
Stockgare bei RT + KS: 4 Stunden RT + 8 Stunden KS, dann keine Stückgare bei RT + KS, sondern nur bei 26–27 °C oder wie im Rezept angegeben
Stückgare bei 26–27 °C: 25–30 Minuten
Stückgare bei RT + KS: 10 Minuten RT + 6–8 Stunden KS
Backzeit: 45–50 Minuten

Zutaten für 1 Brot, ca. 950 g

400 g Weizenmehl Tipo 0, alternativ Weizenmehl 550 und weniger Flüssigkeit
100 g Champagnerroggen 1000, alternativ Roggenmehl 1150
80 g Anstellgut aus dem KS, alternativ 80 g Lievito Madre und 10 g mehr Wasser
3 g frische Biohefe
160 g gekochte grüne Erbsen
200 g Kefir, alternativ Buttermilch oder Ayran
140 g Wasser (+ 30 g für Fortgeschritten)
6 g Zuckerrübensirup
12 g Salz

VORBEREITUNGEN Die Erbsen mit dem Kefir pürieren.

KNETEN Alle Zutaten, außer Salz, in die Schüssel der Knetmaschine geben und 2 Minuten vermischen. 30 Minuten quellen lassen. Salz zugeben und 12 Minuten auf mittlerer Stufe kneten. Nach 5 Minuten eventuell restliches Wasser (die 30 g für Fortgeschrittene) zugeben.

STOCKGARE Den Teig in eine Schüssel geben und rundum falten und dehnen. Abgedeckt 5 Stunden bei Raumtemperatur gehen lassen. Nach 30, 60 und 90 Minuten einmal rundum falten.

FORMEN Den Teig auf eine leicht bemehlte Unterlage geben und rundwirken. Mit dem Schluss nach unten in einen runden Gärkorb geben.

STÜCKGARE Den Teigling bei Raumtemperatur 45–60 Minuten abgedeckt gehen lassen.

BACKEN Den Backofen auf 250 °C Ober- und Unterhitze vorheizen. Ein Backblech oder einen Backstahl mit aufheizen. Den Teigling auf Backpapier oder Backfolie stürzen, nicht einschneiden. Einschießen und den Backofen schwaden. Nach 10 Minuten den Dampf ablassen und den Backofen auf 200 °C runterschalten. Weitere 35–40 Minuten backen.

MILCHBRÖTCHEN MIT SÜSSKARTOFFELN

Gekochte Süßkartoffeln sind wie Kartoffeln eine tolle Zutat für Brötchen und Brote. Sie bringen nicht nur viel Geschmack in den Teig, sondern machen auch eine schöne Krumenfarbe und verbessern die Haltbarkeit.

Stockgare bei 26–27 °C: 2,5 Stunden
Stockgare bei RT + KS: 4 Stunden RT + 8 Stunden KS, dann keine Stückgare bei RT + KS, sondern nur bei 26–27 °C oder wie im Rezept angegeben
Stückgare bei 26–27 °C: 45 Minuten
Stückgare bei RT + KS: 30 Minuten RT + 8 Stunden KS
Backzeit: 18–20 Minuten

Zutaten für 12 Brötchen

400 g Weizenmehl 550
100 g Semola Rimacinata (doppelt gemahlener Hartweizengrieß)
110 g Lievito Madre aus dem KS, alternativ Anstellgut aus dem KS und weniger Flüssigkeit
3 g frische Biohefe
170 g Süßkartoffeln, gegart
200 g Milch (+ 20 g für Fortgeschrittene)
140 g Ayran, alternativ Milch oder Buttermilch
14 g Salz
20 g kalte Butter

VORBEREITUNGEN Die Süßkartoffeln mit 200 g Milch pürieren.

KNETEN Alle Zutaten, außer Salz und Butter, in die Schüssel der Knetmaschine geben und 2 Minuten vermischen. 30 Minuten quellen lassen. Salz zugeben und 10 Minuten auf mittlerer Stufe kneten. Nach 5 Minuten eventuell restliche Milch (die 20 g für Fortgeschrittene) schluckweise zugeben. Nach 8 Minuten Butter in Stückchen dazugeben und unterkneten.

STOCKGARE Den Teig in eine Schüssel geben und rundum falten und dehnen. Abgedeckt 5 Stunden bei Raumtemperatur gehen lassen. Nach 30, 60 und 90 Minuten einmal rundum falten.

FORMEN Den Teig auf eine leicht bemehlte Unterlage geben und 12 Teiglinge von je 90–95 g abstechen. Alle Teiglinge rundwirken und 10 Minuten entspannen lassen. Nochmal straff rundwirken und mit dem Schluss nach unten auf Backpapier oder Backfolie legen.

STÜCKGARE Die Teiglinge bei Raumtemperatur 90 Minuten abgedeckt gehen lassen.

BACKEN Den Backofen auf 250 °C Ober- und Unterhitze vorheizen. Ein Backblech oder einen Backstahl mit aufheizen. Die Teiglinge mit dem Backpapier oder der Backfolie einschießen und den Backofen schwaden. Nach 10 Minuten den Dampf ablassen und den Backofen auf 200 °C runterschalten. Weitere 5 Minuten backen. Dampf ablassen und den Backofen nochmal für 3–5 Minuten auf 250 °C hochheizen. Nach 1 und 2 Minuten nochmal Dampf ablassen.

BANANARAMA

Reife Bananen eignen sich nicht nur für Kuchen oder Muffins, auch Brotteige werden damit ganz toll. Wenn Sie nur eine Banane dazugeben, schmeckt das Brot nicht zu sehr danach, wird aber besonders luftig und locker.

Stockgare bei 26–27 °C: 2,5 Stunden
Stockgare bei RT + KS: 4 Stunden RT + 8 Stunden KS, dann keine kühle Stückgare
Stückgare bei 26–27 °C: 45–60 Minuten
Stückgare bei RT + KS: 60 Minuten RT + 8 Stunden KS
Backzeit: 45–50 Minuten

Zutaten für 1 Brot, Kastenform 23 × 11 cm, ca. 950 g

- 300 g Weizenmehl 550
- 100 g Dinkelmehl 1050
- 100 g Roggenmehl 1370
- 80 g Lievito Madre aus dem KS, alternativ 80 g Anstellgut aus dem KS
- 3 g frische Biohefe
- 25 g Altbrot, geröstet und gemahlen
- 1 kleine reife Banane, ca. 80 g, ohne Schale
- 200 g Hafermilch (+ 20 g für Fortgeschrittene), alternativ andere Milch
- 200 g Wasser
- 6 g Zuckerrübensirup
- 12 g Salz

Topping

Maisgrieß oder Vollkornmehl

VORBEREITUNG Die Banane mit 200 g Milch und dem Lievito Madre pürieren.

KNETEN Alle Zutaten, außer Salz, in die Schüssel der Knetmaschine geben und 2 Minuten vermischen. 30 Minuten quellen lassen. Salz zugeben und 12 Minuten auf mittlerer Stufe kneten. Nach 5 Minuten restliche Hafermilch (die 20 g für Fortgeschrittene) schluckweise zugeben, wenn der Teig sich zu trocken anfühlt.

STOCKGARE Den Teig in eine Schüssel geben und rundum falten und dehnen. Abgedeckt 5 Stunden bei Raumtemperatur gehen lassen. Nach 30, 60 und 90 Minuten einmal rundum falten.

FORMEN Den Teig auf eine leicht bemehlte Unterlage geben und rundwirken. Anschließend langwirken und mit dem Schluss nach unten in eine Kastenform geben. Mit Maisgrieß oder Vollkornmehl bestäuben.

STÜCKGARE Den Teigling 1,5–2 Stunden abgedeckt gehen lassen.

BACKEN Den Backofen auf 250 °C Ober- und Unterhitze vorheizen. Ein Backblech oder einen Backstahl mit aufheizen. Den Teigling mit einer Schere einschneiden. Die Kastenform einschießen und den Backofen schwaden. Nach 10 Minuten den Dampf ablassen und den Backofen auf 200 °C runterschalten. Weitere 35–40 Minuten backen. Eventuell die Form 5 Minuten vor Backende rausnehmen, das Brot rausholen und ohne Form zu Ende backen.

DOUBLE PUMPKIN

Kürbis kann nicht nur gekocht und püriert für Brotteige verwendet werden. Auch roh und fein gerieben ist er eine tolle Zutat. Zusammen mit gerösteten Kürbiskernen wird daraus ein sehr schmackhaftes und saftiges Brot, das zu allem passt.

Stockgare bei 26–27 °C: 3 Stunden
Stockgare bei RT + KS: 5 Stunden RT + 8 Stunden KS; oder 4 Stunden RT + 16 Stunden KS
Stückgare bei 26–27 °C: 15–25 Minuten
Stückgare bei RT + KS: 4–6 Stunden KS
Backzeit: 45–50 Minuten

Zutaten für 1 Brot, ca. 1000 g

- 350 g T55, alternativ Weizenmehl 550 und eventuell weniger Flüssigkeit
- 150 g Champagnerroggen 1000, alternativ Roggenmehl 1150
- 4 g frische Biohefe
- 75 g Kürbiskerne
- 200 g roher Kürbis (bei mir Hokkaido)
- 340 g Wasser (+ 20 g für Fortgeschrittene)
- 6 g Zuckerrübensirup
- 14 g Salz

VORBEREITUNGEN Die Kürbiskerne in einer Pfanne trocken rösten und abkühlen lassen. Den Kürbis fein reiben.

KNETEN Alle Zutaten, außer Salz, in die Schüssel der Knetmaschine geben und 2 Minuten vermischen. 30 Minuten quellen lassen. Salz zugeben und 10 Minuten auf mittlerer Stufe kneten. Nach 5 Minuten eventuell restliches Wasser (die 20 g für Fortgeschrittene) schluckweise zugeben.

STOCKGARE Den Teig in eine Schüssel geben und rundum falten und dehnen. Abgedeckt 6 Stunden bei Raumtemperatur gehen lassen. Nach 30, 60 und 90 Minuten einmal rundum falten.

FORMEN Den Teig auf eine leicht bemehlte Unterlage geben und rundwirken. Zu einem Rechteck formen und von der langen Seite her aufrollen. Mit dem Schluss nach unten auf Backfolie oder Backpapier legen.

STÜCKGARE Den Teigling bei Raumtemperatur 30–45 Minuten abgedeckt gehen lassen.

BACKEN Den Backofen auf 250 °C Ober- und Unterhitze vorheizen. Ein Backblech oder einen Backstahl mit aufheizen. Den Teigling einschneiden und mit Backfolie oder Backpapier einschießen. Den Backofen schwaden. Nach 10 Minuten den Dampf ablassen und den Backofen auf 200 °C runterschalten. Weitere 35–40 Minuten backen.

Brotbackliebe

ROTKRAUT-MARONI-URKRUSTE

Mit diesem reinen Vollkornbrot können Sie übriggebliebenes Rotkraut aufbrauchen und wahlweise noch gekochte Maronen in den Teig geben. Es wird wunderbar saftig und aromatisch und passt zu allen Belägen, ohne dass das Kraut zu sehr rauschmeckt.

Stockgare bei 26–27 °C: 2,5 Stunden
Stockgare bei RT + KS: 4 Stunden RT + 8 Stunden KS, dann keine kühle Stückgare
Stückgare bei 26–27 °C: 15–25 Minuten
Stückgare bei RT + KS: 4–6 Stunden KS
Backzeit: 50–55 Minuten

Zutaten für 1 Brot, ca. 1150 g

- 400 g Rotkornweizen-Vollkornmehl, alternativ Weizen-Vollkornmehl
- 100 g Waldstaudenroggen-Vollkornmehl, alternativ Roggen-Vollkornmehl
- 100 g Anstellgut aus dem KS, alternativ Lievito Madre und 20 g weniger Wasser
- 5 g frische Biohefe
- 100 g fertig gegartes Rotkraut mit Flüssigkeit, mit Wasser auf 400 g auffüllen
- 100 g Sonnenblumenkerne
- 100 g Maronen (wahlweise)
- 100 g Apfelsaft (+ 20 g für Fortgeschrittene)
- 12 g Salz

VORBEREITUNGEN Das Rotkraut mit dem Wasser auf 400 g auffüllen und fein pürieren. Sonnenblumenkerne in einer Pfanne trocken rösten, bis sie etwas Farbe annehmen und duften. Maronen nach Geschmack grob oder fein hacken.

KNETEN Alle Zutaten, außer Salz, in die Schüssel der Knetmaschine geben und 2 Minuten vermischen. 30 Minuten quellen lassen. Salz zugeben und 10 Minuten auf mittlerer Stufe kneten. Nach 5 Minuten eventuell restlichen Apfelsaft (die 20 g für Fortgeschrittene) schluckweise zugeben und unterkneten.

STOCKGARE Den Teig in eine Schüssel geben und rundum falten und dehnen. Abgedeckt 5 Stunden bei Raumtemperatur gehen lassen. Nach 30, 60 und 90 Minuten einmal rundum falten.

FORMEN Den Teig auf eine leicht bemehlte Unterlage geben und rundwirken. Mit dem Schluss nach oben in einen runden Gärkorb geben.

STÜCKGARE Den Teigling bei Raumtemperatur 30–45 Minuten abgedeckt gehen lassen.

BACKEN Den Backofen auf 250 °C Ober- und Unterhitze vorheizen. Ein Backblech oder einen Backstahl mit aufheizen. Den Teigling auf Backpapier oder Backfolie stürzen und einschneiden. Einschießen und den Backofen schwaden. Nach 10 Minuten den Dampf ablassen und den Backofen auf 200 °C runterschalten. Weitere 40–45 Minuten backen.

ROTKORN-NUSS-KRUSTE

Apfelmus bleibt bei uns meistens übrig, wenn es Kartoffelpuffer gibt. Haselnüsse unterstreichen das nussige Aroma vom Rotkornweizen. Noch aromatischer wird es, wenn Sie die Nüsse vorher im Backofen oder in einer Pfanne etwas anrösten. Je nachdem, wie fest Ihr Apfelmus ist, brauchen Sie mehr oder weniger Wasser.

Stockgare bei 26–27 °C: 2,5 Stunden
Stockgare bei RT + KS: 4 Stunden RT + 8 Stunden KS; oder 3 Stunden RT + 16 Stunden KS
Stückgare bei 26–27 °C: 25–30 Minuten
Stückgare bei RT + KS: 10 Minuten RT + 4–6 Stunden KS
Backzeit: 50–55 Minuten

Zutaten für 1 Kastenbrot, ca. 950 g

- 450 g Rotkornweizen-Vollkornmehl, alternativ Weizen-Vollkornmehl
- 50 g Waldstaudenroggen-Vollkornmehl, alternativ Roggen-Vollkornmehl
- 5 g frische Biohefe
- 180 g Apfelmus
- 100 g Walnüsse
- 280 g Wasser (+/- 50 g, je nachdem wie fest das Apfelmus ist)
- 12 g Salz

KNETEN Alle Zutaten, außer Salz, in die Schüssel der Knetmaschine geben und 2 Minuten vermischen. 30 Minuten quellen lassen. Salz zugeben und 10 Minuten auf mittlerer Stufe kneten. Nach 5 Minuten eventuell schluckweise restliches Wasser zugeben und unterkneten.

STOCKGARE Den Teig in eine Schüssel geben und rundum falten und dehnen. Abgedeckt 5 Stunden bei Raumtemperatur gehen lassen. Nach 30, 60 und 90 Minuten einmal rundum falten.

FORMEN Den Teig auf eine leicht bemehlte Unterlage geben und rundwirken. Anschließend langwirken und mit dem Schluss nach oben in einen Gärkorb geben.

STÜCKGARE Den Teigling bei Raumtemperatur 45–60 Minuten abgedeckt gehen lassen.

BACKEN Den Backofen auf 250 °C Ober- und Unterhitze vorheizen. Ein Backblech oder einen Backstahl mit aufheizen. Den Teigling vorsichtig auf Backfolie oder Backpapier stürzen und einschneiden. Einschießen und den Backofen schwaden. Nach 10 Minuten den Dampf ablassen und den Backofen auf 200 °C runterschalten. Weitere 40–45 Minuten backen.

SPRÖSSLING

Sprossen gehen in meiner Küche nie aus. Ich liebe sie zum Frühstücksbrot oder zu Salaten. Manchmal kaufe ich aber doch zu viele, die dann schnell wegmüssen. Wie gut, dass sie in Brotteige passen. Ich habe Alfalfasprossen verwendet. Gut passen auch andere milde Sorten. Nur Kohl- oder Radieschensprossen würde ich nicht verwenden.

Stockgare bei 26–27 °C: 3–3,5 Stunden
Stockgare bei RT + KS: 5,5 Stunden RT + 8 Stunden KS; oder 4,5 Stunden RT + 16 Stunden KS
Stückgare bei 26–27 °C: 25–30 Minuten
Stückgare bei RT + KS: 10 Minuten RT + 4–6 Stunden KS
Backzeit: 45–50 Minuten

Zutaten für 1 Brot, ca.950 g

- 150 g Dinkel-Vollkornmehl
- 150 g Dinkelmehl 1050
- 200 g Weizenmehl 550
- 3 g frische Biohefe
- 40 g Alfalfasprossen, alternativ andere milde Sprossen
- 100 g Quark 20%ig
- 6 g Flohsamenschalen
- 6 g Zuckerrübensirup
- 360 g Wasser (+ 20 g für Fortgeschrittene)
- 12 g Salz

KNETEN Alle Zutaten, außer Salz, in die Schüssel der Knetmaschine geben und 2 Minuten vermischen. 30 Minuten quellen lassen. Salz zugeben und 10 Minuten auf mittlerer Stufe kneten. Nach 5 Minuten eventuell restliches Wasser (die 20 g für Fortgeschrittene) schluckweise zugeben.

STOCKGARE Den Teig in eine Schüssel geben und rundum falten und dehnen. Abgedeckt 6–7 Stunden bei Raumtemperatur gehen lassen. Nach 30, 60 und 90 Minuten einmal rundum falten.

FORMEN Den Teig auf eine leicht bemehlte Unterlage geben und rundwirken. Mit dem Schluss nach oben in einen runden Gärkorb geben.

STÜCKGARE Den Teigling bei Raumtemperatur 45–60 Minuten abgedeckt gehen lassen.

BACKEN Den Backofen auf 250 °C Ober- und Unterhitze vorheizen. Ein Backblech oder einen Backstahl mit aufheizen. Den Teigling auf Backpapier oder Backfolie stürzen und einschneiden. Einschießen und den Backofen schwaden. Nach 10 Minuten den Dampf ablassen und den Backofen auf 200 °C runterschalten. Weitere 35–40 Minuten backen.

KAROTTEN-COURONNE

Die besondere Form für den Karotten-Ring mit gekochten Karotten ist ganz einfach zu machen und geht auch ohne spezielle Couronne-Form. So haben Sie mal ein besonderes Brot, das aufgrund der Form und der Krumenfarbe alle Blicke auf sich zieht. Es ist schön flauschig und schmeckt zu allen Belägen.

Stockgare bei 26–27 °C: 4–5 Stunden
Stockgare bei RT + KS: wie im Rezept angegeben
Stückgare bei 26–27 °C: 15–25 Minuten
Stückgare bei RT + KS: 4–6 Stunden KS
Backzeit: 45–50 Minuten

Zutaten für 1 Brot, ca. 900 g

400 g Weizenmehl 550
100 g Dinkelmehl 1050
5 g frische Biohefe
260 g Karotten, gekocht
210 g Buttermilch (+ 20 g für Fortgeschrittene)
12 g Salz
20 g Sonnenblumenöl

Topping

Maisgrieß oder Mehl

VORBEREITUNGEN Die Karotten mit der Buttermilch fein pürieren.

KNETEN Alle Zutaten, außer Salz und Öl, in die Schüssel der Knetmaschine geben und 2 Minuten vermischen. 30 Minuten quellen lassen. Salz zugeben und 10 Minuten auf mittlerer Stufe kneten. Nach 5 Minuten eventuell restliche Buttermilch (die 20 g für Fortgeschrittene) zugeben. Nach 8 Minuten Öl dazugeben und unterkneten.

STOCKGARE Den Teig in eine Schüssel geben und rundum falten und dehnen. Abgedeckt 4 Stunden bei Raumtemperatur gehen lassen. Nach 30, 60 und 90 Minuten einmal rundum falten. Danach für 24–48 Stunden kühlstellen.

FORMEN Den Teig auf eine leicht bemehlte Unterlage geben und rundwirken. Mit einem bemehlten Kochlöffel oder Finger ein Loch in die Mitte stechen und mit bemehlten Fingern dehnen, bis es groß genug ist. Mit Maisgrieß oder Mehl bestäuben. Mit dem Schluss nach oben in eine Couronne-Form oder mit dem Schluss nach unten auf Backfolie legen.

STÜCKGARE Den Teigling bei Raumtemperatur 30–45 Minuten abgedeckt gehen lassen.

BACKEN Den Backofen auf 250 °C Ober- und Unterhitze vorheizen. Ein Backblech oder einen Backstahl mit aufheizen. Den Teigling eventuell auf Backfolie oder Backpapier stürzen, einschneiden und einschießen. Den Backofen schwaden. Nach 10 Minuten den Dampf ablassen und den Backofen auf 200 °C runterschalten. Weitere 35–40 Minuten backen.

FEIGE NUSS

Getrocknete Früchte, die wegmüssen, eignen sich sehr gut für Brotteige. Besonders lecker wird die Kombination mit getrockneten Feigen und Nüssen als reines Vollkornbrot. Das Brot wird ganz leicht süßlich und passt daher am besten zu Käse oder süßen Aufstrichen. Der Teig kommt wieder direkt nach dem Kneten in die Kastenform und hat nur eine Stückgare.

Stückgare bei 26–27 °C: 2,5–3 Stunden
Stückgare bei RT + KS: 4,5 Stunden RT + 8 Stunden KS
Backzeit: 50–55 Minuten

Zutaten für 1 Brot, ca.1150 g, Kastenform 23 x 11 cm

250 g Dinkel-Vollkornmehl
200 g Weizen-Vollkornmehl
50 g Roggen-Vollkornmehl
60 g Anstellgut für Sauerteig, alternativ Lievito Madre
5 g frische Biohefe
9 g Flohsamenschalen
60 g getrocknete Feigen
120 g Haselnüsse
200 g Wasser + 330 g Wasser
12 g Salz

VORBEREITUNGEN Die Feigen mit 200 g Wasser pürieren.

KNETEN Alle Zutaten, außer Salz, in die Schüssel der Knetmaschine geben und 2 Minuten vermischen. 30 Minuten quellen lassen. Salz zugeben und 10 Minuten auf mittlerer Stufe kneten.

FORMEN Den Teig auf eine leicht bemehlte Unterlage geben und rundwirken. Anschließend langwirken und mit dem Schluss nach unten in eine Kastenform geben.

STÜCKGARE Den Teigling bei Raumtemperatur 5–6 Stunden abgedeckt gehen lassen.

BACKEN Den Backofen auf 250 °C Ober- und Unterhitze vorheizen. Ein Backblech oder einen Backstahl mit aufheizen. Die Kastenform einschießen und den Backofen schwaden. Nach 10 Minuten den Dampf ablassen und den Backofen auf 200 °C runterschalten. Weitere 40–45 Minuten backen. Eventuell die Form 5 Minuten vor Backende herausnehmen, das Brot herausholen und ohne Form zu Ende backen.

KÜRBIS-VOLLKORNKRUSTE

Für dieses reine Vollkornbrot wurde gegarter Kürbis verwendet, der mit Buttermilch püriert wurde. Falls Sie rohen Kürbis haben, garen Sie diesen 20–30 Minuten im Backofen bei 200 °C.

Stockgare bei 26–27 °C: 2,5 Stunden
Stockgare bei RT + KS: 4 Stunden RT + 8 Stunden KS, dann keine kühle Stückgare
Stückgare bei 26–27 °C: 15–25 Minuten
Stückgare bei RT + KS: 4–6 Stunden KS
Backzeit: 45–50 Minuten

Zutaten für 1 Brot, ca. 950 g

- 300 g Weizen-Vollkornmehl
- 100 g Dinkel-Vollkornmehl
- 50 g Roggen-Vollkornmehl
- 50 g Lievito Madre aus dem KS, alternativ Anstellgut aus dem KS
- 5 g frische Biohefe
- 260 g Kürbis, gegart
- 200 g Buttermilch
- 80 g Wasser (+/- 30 g, je nach Wassergehalt vom Kürbis)
- 6 g Zuckerrübensirup
- 12 g Salz
- 15 g Kürbiskernöl

VORBEREITUNGEN Kürbis in Stücke schneiden und mit der Buttermilch pürieren.

KNETEN Alle Zutaten, außer Salz und Kürbiskernöl, in die Schüssel der Knetmaschine geben und 2 Minuten vermischen. 30 Minuten quellen lassen. Salz zugeben und 10 Minuten auf mittlerer Stufe kneten. Nach 5 Minuten eventuell restliches Wasser schluckweise zugeben. Nach 8 Minuten das Öl dazugeben und unterkneten.

STOCKGARE Den Teig in eine Schüssel geben und rundum falten und dehnen. Abgedeckt 5 Stunden bei Raumtemperatur gehen lassen. Nach 30, 60 und 90 Minuten einmal rundum falten.

FORMEN Den Teig auf eine leicht bemehlte Unterlage geben und rundwirken. Anschließend langwirken und mit dem Schluss nach oben in einen länglichen Gärkorb geben.

STÜCKGARE Den Teigling bei Raumtemperatur 30–45 Minuten abgedeckt gehen lassen.

BACKEN Den Backofen auf 250 °C Ober- und Unterhitze vorheizen. Ein Backblech oder einen Backstahl mit aufheizen. Den Teigling auf Backpapier oder Backfolie stürzen und einschneiden. Einschießen und den Backofen schwaden. Nach 10 Minuten den Dampf ablassen und den Backofen auf 200 °C runterschalten. Weitere 35–40 Minuten backen.

GEMÜSE-LIEBLING

Für dieses Brot eignen sich alle Gemüseeintöpfe, die keine Kohlsorten (außer Kohlrabi) und kein Fleisch enthalten. Die Eintopfreste werden einfach püriert und zum Teig gegeben. Durch Buttermilch wird das Brot schön mild und die Krume wunderbar flauschig. Wenn Sie weniger Eintopf übrighaben, nehmen Sie mehr Buttermilch.

Stockgare bei 26–27 °C: 3–3,5 Stunden
Stockgare bei RT + KS: 5,5 Stunden RT + 8 Stunden KS; oder 4,5 Stunden RT + 16 Stunden KS
Stückgare bei 26–27 °C: 30 Minuten
Stückgare bei RT + KS: 10 Minuten RT + 6 Stunden KS
Backzeit: 45–50 Minuten

Zutaten für 1 Brot, ca. 1000 g

- 300 g Weizenmehl 1050
- 150 g Dinkelmehl 1050
- 50 g Roggenmehl 1370
- 3 g frische Biohefe
- 300 g Gemüse-Eintopf mit Brühe
- 40 g Leinsamen gold
- 10 g Zuckerrübensirup
- 200 g Buttermilch (+/- 50–100 g Buttermilch, je nachdem, wieviel Flüssigkeit Ihr Eintopf enthält)
- 8 g Salz (bei weniger Eintopf die Salzmenge um 1–2 g erhöhen)

VORBEREITUNGEN Den Eintopf fein pürieren

KNETEN Alle Zutaten, außer Salz, in die Schüssel der Knetmaschine geben und 2 Minuten vermischen. 30 Minuten quellen lassen. Salz zugeben und 10 Minuten auf mittlerer Stufe kneten. Nach 5 Minuten eventuell restliche Buttermilch zugeben.

STOCKGARE Den Teig in eine Schüssel geben und rundum falten und dehnen. Abgedeckt 6–7 Stunden bei Raumtemperatur gehen lassen. Nach 30, 60 und 90 Minuten einmal rundum falten.

FORMEN Den Teig auf eine leicht bemehlte Unterlage geben und rundwirken. Mit dem Schluss nach oben in einen runden Gärkorb geben.

STÜCKGARE Den Teigling bei Raumtemperatur 60 Minuten abgedeckt gehen lassen.

BACKEN Den Backofen auf 250 °C Ober- und Unterhitze vorheizen. Ein Backblech oder einen Backstahl mit aufheizen. Den Teigling auf Backpapier oder Backfolie stürzen und einschneiden. Einschießen und den Backofen schwaden. Nach 10 Minuten den Dampf ablassen und den Backofen auf 200 °C runterschalten. Weitere 35–40 Minuten backen.

REZEPTE MIT ALTBROT

RUSTIKUS

Geröstetes und fein gemahlenes Altbrot ist eine tolle Möglichkeit viel Aroma in Brotteige zu bringen. Außerdem verbessert es die Frischhaltung. Das Altbrot können Sie in größerer Menge herstellen und verschlossen bis zu einem halben Jahr aufbewahren, solange keine Saaten in den Brotresten waren.

Stückgare bei 26–27 °C: 2,5–3 Stunden
Stückgare bei RT + KS: 4 Stunden RT + 8–12 Stunden KS
Backzeit: 50–55 Minuten

Zutaten für 1 Kastenbrot, Form 23 × 11 cm, ca. 1100 g

200 g Dinkelmehl 630
200 g Gelbweizen-Vollkornmehl, alternativ Weizen-Vollkornmehl
200 g Roggenmehl 1370
50 g Sauerteig-Anstellgut aus dem KS, alternativ Lievito Madre
5 g frische Biohefe
60 g Altbrot, geröstet und gemahlen
530 g Wasser
7 g Zuckerrübensirup
14 g Salz
15 g Rapsöl

KNETEN Alle Zutaten, außer Salz und Öl, in die Schüssel der Knetmaschine geben und 2 Minuten vermischen. 30 Minuten quellen lassen. Salz zugeben und 10 Minuten auf mittlerer Stufe kneten. Nach 5 Minuten das Öl einlaufen lassen und mit unterkneten.

FORMEN Den Teig auf eine leicht bemehlte Unterlage geben und rundwirken. Anschließend langwirken und mit dem Schluss nach unten in eine Kastenform geben. Mit Roggenmehl bestäuben.

STÜCKGARE Den Teigling 5–6 Stunden abgedeckt gehen lassen.

BACKEN Den Backofen auf 250 °C Ober- und Unterhitze vorheizen. Ein Backblech oder einen Backstahl mit aufheizen. Die Kastenform in den Backofen geben und den Backofen schwaden. Nach 10 Minuten den Dampf ablassen und den Backofen auf 200 °C runterschalten. Weitere 35–40 Minuten backen. Eventuell die Kastenform 5 Minuten vor Ende der Backzeit rausnehmen, das Brot rausholen und nochmal 5 Minuten ohne Form backen.

URMISCH NO KNEAD

Dieses reine Vollkornbrot mit verschiedenen Urkornmehlen wird durch einen hohen Altbrotanteil besonders aromatisch und hält lange frisch. Ein tolles Alltagsbrot das mit allen Belägen gut schmeckt.

Stockgare bei 26–27 °C: 5–6 Stunden
Stockgare bei RT + KS: 9 Stunden RT + 8 Stunden KS, dann keine kühle Stückgare
Stückgare bei 26–27 °C: 75–90 Minuten
Stückgare bei RT + KS: wird nicht empfohlen
Backzeit: 45–50 Minuten

Zutaten für 1 Kastenbrot, 23 × 11 cm, ca. 950 g

- 150 g Emmer-Vollkornmehl, alternativ Weizen-Vollkornmehl
- 150 g Urdinkel-Vollkornmehl, alternativ Dinkel-Vollkornmehl
- 150 g Waldstaudenroggen-Vollkornmehl, alternativ Roggen-Vollkornmehl
- 20 g Anstellgut vom Sauerteig aus dem KS, alternativ 20 g Lievito Madre aus dem KS
- 3 g frische Biohefe
- 75 g Altbrot, geröstet und gemahlen
- 490 g Wasser
- 6 g Zuckerrübensirup
- 12 g Salz
- 10 g Rapsöl

Topping

Roggen-Vollkornmehl

MISCHEN Alle Zutaten mit einem Dänischen Schneebesen oder Kochlöffel so lange vermischen, bis keine Mehlnester mehr zu sehen sind. Den Teig mit nassen Händen rundum falten (am besten direkt neben dem Spülbecken bei laufendem Wasser, um die Hände immer wieder nass zu machen).

STOCKGARE Den Teig abgedeckt 10–12 Stunden bei Raumtemperatur gehen lassen. Wenn möglich nach 1–2 Stunden noch einmal mit nassen Händen rundum falten.

FORMEN Den Teig auf eine leicht bemehlte Unterlage geben und mit der Teigkarte von allen vier Seiten einmal nach innen falten. Den Teig rund- und anschließend langwirken und mit dem Schluss nach unten in eine gefettete Kastenform geben. Alternativ kann der Teig direkt in die Kastenform gegeben und mit nassen Fingern glattgestrichen werden. Die Oberfläche mit Mehl bestäuben.

STÜCKGARE Den Teig 2,5–3 Stunden abgedeckt gehen lassen.

BACKEN Den Backofen auf 250 °C Ober- und Unterhitze vorheizen. Ein Backblech oder einen Backstahl mit aufheizen. Die Kastenform in den Backofen geben und den Backofen schwaden. Nach 10 Minuten den Dampf ablassen und den Backofen auf 200 °C runterschalten. Weitere 35–40 Minuten backen. Eventuell die Kastenform 5 Minuten vor Ende der Backzeit rausnehmen, das Brot aus dem Kasten holen und nochmal 5 Minuten ohne Form backen.

CHAMPAGNER-AUFFRISCHBROT

Champagnerroggen stammt ursprünglich aus Frankreich, wird aber mittlerweile auch in Deutschland angebaut. Es handelt sich um eine milde und sehr wohlschmeckende Roggensorte, die ideal für Roggenbrote ist. Das Altbrot bringt noch mehr Aroma ins Brot und sorgt für eine längere Frischhaltung.

Stückgare bei 27–28 °C: 75–90 Minuten
Stückgare bei RT + KS: wird nicht empfohlen
Backzeit: 50–55 Minuten

Zutaten für 1 Kastenbrot, 23 × 11 cm, ca. 1250 g

- 550 g Champagnerroggen 1000, alternativ Roggenmehl 1150 oder 1370
- 50 g Buchweizenmehl
- 150 g Anstellgut aus dem KS
- 3 g frische Biohefe
- 80 g Altbrot, gewürfelt (kann auch nur angetrocknetes Brot sein)
- 200 g + 360 g Wasser
- 6 g Zuckerrübensirup
- 14 g Salz

Topping

Roggenmehl

VORBEREITUNGEN Das Altbrot kann für noch mehr Aroma vorher in einer Pfanne oder im Backofen geröstet werden. Brotwürfel mit 200 g Wasser 30 Minuten einweichen.

KNETEN Alle Zutaten, außer Salz, in die Knetmaschine geben und 2 Minuten vermischen. Salz zugeben und 2–3 Minuten auf mittlerer Stufe weiterkneten.

STOCKGARE Den Teig abgedeckt 1,5 Stunden im Topf ruhen lassen.

FORMEN Den Teig auf eine leicht bemehlte Unterlage geben und langwirken. In eine gefettete Kastenform geben und mit Roggenmehl bestäuben. Alternativ kann der Teig direkt in die Kastenform gegeben und mit nassen Fingern glattgestrichen werden.

STÜCKGARE Den Teig 2,5–3 Stunden abgedeckt bei Raumtemperatur gehen lassen. Die Stückgare ist fertig, wenn er sich merklich vergrößert hat und die Oberfläche viele kleine Risse zeigt. Je nachdem wie fit Ihr Anstellgut ist, kann das auch schneller oder langsamer gehen.

BACKEN Den Backofen auf 250 °C Ober- und Unterhitze vorheizen. Ein Backblech oder einen Backstahl mit aufheizen. Die Kastenform in den Backofen geben, den Backofen nicht schwaden. Nach 10 Minuten den Backofen auf 200 °C runterschalten. Weitere 40–45 Minuten backen. Eventuell die Kastenform 5 Minuten vor Ende der Backzeit rausnehmen, das Brot aus dem Kasten holen und nochmal 5 Minuten ohne Form backen.

WEIZEN-QUARK-KRUSTE

Altbrot passt auch sehr gut in helle Brote. Zusammen mit Quark wird dieses Mischbrot schön aromatisch und bekommt eine wunderbar luftige Krume. Außerdem hält es lange frisch. Ein tolles Alltagsbrot, das zu allen Belägen gut schmeckt und sich auch als Beilagenbrot zu Salaten oder Suppen eignet.

Stockgare bei 26–27 °C: 2,5–3 Stunden
Stockgare bei RT + KS: 4 Stunden RT + 8–12 Stunden KS; oder 3 Stunden RT + 16–18 Stunden RT
Stückgare bei 26–27 °C: 15–25 Minuten
Stückgare bei RT + KS: 4–6 Stunden KS
Backzeit: 45–50 Minuten

Zutaten für 1 Brot, ca. 950 g

- 200 g Weizenmehl 550
- 200 g Weizenmehl 1050
- 100 g Roggenmehl 1370
- 3 g frische Biohefe
- 50 g Altbrot, geröstet und gemahlen
- 150 g Quark, 20%ig
- 370 Wasser (+ 20 g für Fortgeschrittene)
- 6 g Zuckerrübensirup
- 12 g Salz

KNETEN Alle Zutaten, außer Salz, in die Schüssel der Knetmaschine geben und 2 Minuten auf kleiner Stufe mischen. 30 Minuten quellen lassen. Salz zugeben und 10 Minuten auf mittlerer Stufe kneten. Nach 5 Minuten eventuell das restliche Wasser (die 20 g für Fortgeschrittene) zugeben.

STOCKGARE Den Teig in eine Schüssel geben und rundum falten und dehnen. Abgedeckt 5–6 Stunden bei Raumtemperatur gehen lassen. Nach 30, 60 und 90 Minuten nochmal falten.

FORMEN Den Teig auf eine leicht bemehlte Unterlage geben, rundwirken und mit dem Schluss nach oben in einen länglichen Gärkorb geben.

STÜCKGARE Den Teig 30–45 Minuten abgedeckt gehen lassen.

BACKEN Den Backofen auf 250 °C Ober- und Unterhitze vorheizen. Ein Backblech oder einen Backstahl mit aufheizen. Den Teigling auf Backpapier oder Backfolie stürzen und einschneiden. Einschießen und den Backofen schwaden. Nach 10 Minuten den Dampf ablassen und den Backofen auf 200 °C runterschalten. Weitere 35–40 Minuten backen.

SERVICE

BEZUGSQUELLEN & ONLINESHOPS

Viele der speziellen Mehle in diesem Buch, wie z. B. Ruchmehl, italienische und französische Mehle, und ein großes Angebot an Backzubehör und Spezialitäten findet man bei Firma **Bon'gu** (https://bongu.de)

Alle Urkornmehle gibt es in einer ganz hervorragenden Qualität mit sehr guten Backeigenschaften bei den **Urkornpuristen** (https://urkornpuristen.de). Das Getreide wird vom Shopbetreiber selbst angebaut und vermahlen.

Eine Auswahl an guten Getreidemühlen, die für Haushalte erschwinglich sind und von grob bis sehr fein mahlen, findet man bei der Firma **Mockmill** (https://mockmill.com)

Spezielle Brotbacköfen für drinnen und draußen, Knetmaschinen und eine riesige Auswahl an Backzubehör gibt es bei der Firma **Häussler** im Backdorf oder online (https://backdorf.de). Unbedingt mal vorbeifahren, wenn man in der Nähe ist.

Eine große Auswahl an speziellen Backformen, Gärkörben und allem was der Hobbybäcker so braucht, bekommt man bei der Firma **Ketex** (https://ketex.de)

Einen Backstahl kann man sich in seiner Backofengröße bei **Blechking** bestellen (https://blechking.de)

Meine Hausmühle, von der ich alle gängigen Mehlsorten habe, ist die **Biomühle Eiling** (https://www.biomuehle-eiling.de/). Die Produkte stammen von regionalen Erzeugern. Die Mühle arbeitet ausschließlich mit Bio-Getreide. Die Mehle sind in hervorragender Qualität und viele Sorten besonders backstark, was zu guten Ergebnissen führt.

Die **Langer Mühle** in Atzenbrugg (Österreich) bietet qualitativ hochwertige Mehle mit sehr guten Backeigenschaften und vieles mehr für den Hobbybäcker in ihrem Mühlenladen und im Onlineshop an. Außerdem finden dort Backkurse statt (https://www.lamuehla.at)

WEITERFÜHRENDE LITERATUR

Die Zeitschrift **Brot – Das Magazin** erscheint sechsmal jährlich. *Das Heft für Hobbybäcker mit vielen Rezepten, Infos, Geschichten und mehr kann abonniert werden und ist in vielen Zeitschriftenläden erhältlich. Jährlich erscheinen außerdem 4 Sonderhefte zu verschiedenen Themen (https://www.brot.magazin.de)*

Der Brotdoc – gesundes Brot aus meinem Ofen. Dr. Björn Hollensteiner. Christian Verlag, München 2019. *Mit 65 Rezepten von einfachen Beginnerbroten über Brötchen, Baguettes bis hin zu süßem Gebäck und Roggensauerteig überzeugt der Arzt und Hobbybäcker Björn Hollensteiner.*

Urgetreide – Dinkel, Emmer, Urroggen und mehr. Brenneis, Siegfried; Kötter, Engelbert. Matthaus Verlag, Stuttgart 2016. *Eigentlich handelt es sich um ein Bäcker-Fachbuch zu dem Thema. Ist aber für Urkorn-Fans durchaus interessant, die Rezepte können für den Haushalt einfach runtergerechnet werden.*

Verrückt nach Sauerteig. Anita Sumer. Narayana Verlag, Kandern 2019. *Die slowenische Hobbybäckerin Anita Sumer zeichnet Kunstwerke in Brotlaibe und hat ihr erstes Buch zum Thema Sauerteig geschrieben. Viele Infos und Rezepte für Brote nur mit Sauerteig, ganz ohne Hefe oder andere Mittelchen.*

Brot backen mit den Jahreszeiten: Über 80 Rezepte mit saisonalen Zutaten aus Garten und Natur. Loidl, Matthias. Verlag Eugen Ulmer, Stuttgart 2021. *Hier wird das Hobby Brotbacken mit den vier Jahreszeiten verknüpft – für feinste Aromen und farbenfrohe Ergebnisse.*

Das Brot. Chad Robertson. AT-Verlag, Aarau (Schweiz) 2018. *Das zweite Buch vom legendären Sauerteig-Bäcker Chad Robertson aus der Tartine-Bäckerei in San Francisco. Ein tolles Buch, aber eher für Fortgeschrittene.*

BLOGS & COMMUNITIES

https://brotbackliebeundmehr.com
Mein eigener Blog mit ganz vielen Brot- und Brötchenrezepten, vielen Informationen zum Thema Brotbacken, aber auch sehr vielem Selbstgemachtem und was ich sonst noch so in meiner Küche koche und backe.

https://camping.brotbackliebeundmehr.com
Mein eigener Blog mit vielen Rezepten, die sich gut beim Campen kochen lassen, Brotrezepten, Infos zum Kochen und Backen beim Campen und Reiseberichten.

https://samskitchen.at
Samuel Kargl backt seit mittlerweile 10 Jahren in seiner Backstube und bloggt seine Rezepte unter Samskitchen. Er ist über die Grenzen von Österreich hinaus bekannt, hat viele tolle Rezepte und gibt Backkurse in einer Mühle in Österreich.

https://www.brotfrohlein.de
Ein noch junger, aber vielversprechender Blog von meiner lieben Freundin Sylvia Richter mit tollen Broten, Brötchen, viel Selbstgemachtem und anderen leckeren Dingen, der seit einem Jahr online ist. Da darf man sich noch auf viele tolle Posts freuen.

https://brotdoc.com
Der Brotblog von Björn Hollensteiner, der seit 11 Jahren zum Ausgleich für seinen anstrengenden Job als Hausarzt in seiner Backstube viele tolle Rezepte für Brote, Brötchen und Süßes entwickelt hat und sie hier teilt.

http://www.schellikocht.com/
Manfred Schellin ist vielen Hobbybäckern als leidenschaftlicher Bäcker und Feinschmecker bekannt. Auf seinem Blog finden sich neben vielen Leckereien aus seiner Küche auch tolle Brotrezepte zum Nachbacken. Schelli verfügt über ein unglaubliches Wissen, was Brote, Teige und die Prozesse drumrum anbelangt.

https://urkornpuristen.de/rezepte/
Auf dem Blog von Stefanie Dehn dreht sich alles um Urkorn. Neben vielen Brot- und Brötchenrezepten gibt es jede Menge Rezepte aus ihrer Küche – eben alles mit Urkorn. Für Urkornfans ein Muss!

https://mipano.de
Mipano ist eine Art Lexikon für Hobbybäcker. Auf dieser Plattform rund ums Brotbacken findet man neben einer Brotrezept-Suchmaschine mit Rezepten von Brotbloggern und anderen begeisterten Hobbybäckern einen Shopfinder, viele nützliche Tools und Links und eine Übersicht von Brotbackbüchern.

Brotbackliebe ...undmehr bei Facebook
Meine eigene Facebook-Gruppe mit über 25000 Mitgliedern, einer umfangreichen Rezeptsammlung und viel Hilfe und Austausch zum Thema Brotbacken. In der Gruppe geht es vor allem ums Brotbacken, aber auch (wie in meinem Blog) um das Selbstmachen rund ums Essen und um alles, was mit Kochen und Backen zu tun hat. Im Mittelpunkt steht das Backen mit wenig Hefe, Sauerteigen und langer Teigführung.

DIE AUTORIN

Valesa Schell war lange im sozialpädagogischen Bereich tätig. Vor acht Jahren begann sie, ihr eigenes Brot zu backen, weil ihr gekauftes Brot nicht mehr geschmeckt und sie es oft nicht vertragen hat. Alles rund um das Thema Brot ist mittlerweile zu ihrer großen Leidenschaft geworden. Ihr Blog „Brotbackliebe…undmehr" ist mit weit über 14 Millionen Aufrufen einer der am meisten gelesenen Brot- und Foodblogs in Deutschland. Die gleichnamige Facebookgruppe ist eine der größten Backgruppe im deutschsprachigen Raum.

DANKSAGUNG

Ein ganz großes Dankeschön geht an meine liebe Freundin Deborah Meßmer, die mir so fleißig beim Backen für dieses Buch geholfen hat, damit alles fotografiert werden konnte.

Ganz lieben Dank an meine wunderbare Fotografin Heike Schmidt-Röger für die entspannten Tage beim Fotografieren aller Brote. Du warst wieder so kreativ beim Fotoshooting und hast ganz tolle Fotos gemacht.

Auch meinem Facebook-Admin-Team möchte ich von Herzen für ihre Unterstützung danken: Samuel Kargl, Sylvia Richter, Kessi Heinrich, Deborah Meßmer, Angelika Bode und Christian Will.

Ein ganz großes Dankeschön geht an meinen Mann Jörg Schell, der mich immer unterstützt und mir den Rücken freihält, damit meine Bücher überhaupt entstehen können.

Und zuletzt meinen großen Dank an Antje Munk und Jennifer Zajonz, meine Lektorinnen vom Verlag Eugen Ulmer, die mir immer unterstützend zur Seite standen, und an meine Außenlektorin Sabine Drobik.

SCHNELL NACHGESCHLAGEN

ALLE REZEPTE IM ÜBERBLICK

IMPRESSUM

BILDQUELLEN

Alle Fotos stammen von **Heike Schmidt-Röger** mit Ausnahme der folgenden:
Titelfoto: Sabrina Sue Daniels, **Autorenfoto** S. 171: Tiziana Abegg
Icons auf dem Buchumschlag: spiral Media/www.Shutterstock.com

Die in diesem Buch enthaltenen Empfehlungen und Angaben sind von der Autorin mit größter Sorgfalt zusammengestellt und geprüft worden. Eine Garantie für die Richtigkeit der Angaben kann aber nicht gegeben werden. Autorin und Verlag übernehmen keine Haftung für Schäden und Unfälle. Bitte setzen Sie bei der Anwendung der in diesem Buch enthaltenen Empfehlungen Ihr persönliches Urteilsvermögen ein.
Der Verlag Eugen Ulmer ist nicht verantwortlich für die Inhalte der im Buch genannten Websites.

BIBLIOGRAFISCHE INFORMATION DER DEUTSCHEN NATIONALBIBLIOTHEK

Die Deutsche Nationalbibliothek verzeichnet diese Publikation in der Deutschen Nationalbibliografie; detaillierte bibliografische Daten sind im Internet über http://dnb.d-nb.de abrufbar.

Anmerkung zur Schreibweise (Gendering): Gendergerechtigkeit und Inklusion sind bei uns gelebte Praxis – bei der Auswahl unserer Themen, bei der Recherchearbeit, in der Gestaltung. Unsere Texte meinen alle. Damit unsere Inhalte jedoch gut lesbar bleiben, verzichten wir in diesem Werk auf die jeweilige Mehrfachnennung oder Anpassung der Schreibweise bestimmter Bezeichnungen an die weibliche, männliche oder diverse Form.

Wollgrasweg 41, 70599 Stuttgart (Hohenheim)
E-Mail: info@ulmer.de
Internet: www.ulmer.de
Projektleitung: Antje Munk, Jennifer Zajonz
Lektorat: Sabine Drobik
Herstellung: Silke Reuter
Umschlag-Gestaltung: Antje Warnecke, nordendesign.de
Satz: Susanne Junker, www.redsign.de, Stuttgart
Druck und Bindung: Livonia Print, Riga
Printed in Latvia

ISBN 978-3-8186-2072-1

HIER KÖNNEN SIE WEITERLESEN

Beim Brotbacken nach der No-Knead-Methode werden die Zutaten einfach mit einem Kochlöffel verrührt – super schnell und mühelos. Ganz nebenbei eignen sich No-Knead-Brote hervorragend zum Backen im Urlaub oder beim Camping. Valesa Schell zeigt in diesem Buch, wie Sie mit wenig Hefe, langer Gehzeit und ganz ohne Kneten sagenhaft leckeres und bekömmliches Brot backen. Mit Know-how zu den Basics und vielen praktischen Tipps und Tricks von der Brotexpertin, steht den über 60 Rezepten für Brot, Brötchen, Herzhaftes und Süßes nichts mehr im Weg

DER EINSTEIGERKURS

Mit diesem Brotbackkurs lernen Sie von der Pike auf, wie Sie Ihr eigenes, wirklich gutes Brot selber backen können. Leicht verständlich und mit vielen bebilderten Handgriffen führt Sie das Buch durch den Backprozess und steigert sich im Schwierigkeitsgrad. Mit Know-how zum Handwerkszeug und den verschiedenen Triebmitteln steht den sagenhaften Brot-, Brötchen- und Baguetterezepten schon bald nichts mehr im Wege. Machen Sie Ihre Küche zur Backstube und backen Sie mit wenig Hefe und langer Teigführung höchst bekömmliche Brote.